资助项目：北京物资学院青年基金项目“产品创新过程中焦点企业同供应商相互作用机制研究”（项目编号：03519012010324）
支持机构：北京市物流系统与技术重点实验室、北京现代物流研究基地

汽车核心企业创新网络对创新绩效的影响研究

王燕妮/著

中国财富出版社有限公司

图书在版编目（CIP）数据

汽车核心企业创新网络对创新绩效的影响研究／王燕妮著．—北京：中国财富出版社有限公司，2021.8

ISBN 978－7－5047－7501－6

Ⅰ．①汽…　Ⅱ．①王…　Ⅲ．①汽车企业—企业创新—影响—企业绩效—研究　Ⅳ．①F416.471　②F279.16

中国版本图书馆 CIP 数据核字（2021）第 162358 号

策划编辑　黄正丽　谢晓绚　　**责任编辑**　邢有涛　李　如

责任印制　尚立业　　**责任校对**　卓闪闪　　**责任发行**　杨　江

出版发行　中国财富出版社有限公司

社　　址　北京市丰台区南四环西路 188 号 5 区 20 楼　　**邮政编码**　100070

电　　话　010－52227588 转 2098（发行部）　010－52227588 转 321（总编室）

010－52227566（24 小时读者服务）　010－52227588 转 305（质检部）

网　　址　http：//www.cfpress.com.cn　　**排　　版**　宝蕾元

经　　销　新华书店　　**印　　刷**　北京九州迅驰传媒文化有限公司

书　　号　ISBN 978－7－5047－7501－6/F·3348

开　　本　710mm×1000mm　1/16　　**版　　次**　2021 年 10 月第 1 版

印　　张　11.5　　**印　　次**　2021 年 10 月第 1 次印刷

字　　数　194 千字　　**定　　价**　58.00 元

前　言

党的十九届五中全会明确提出坚持创新在我国现代化建设全局中的核心地位，并指出要强化国家战略科技力量，提升企业创新能力。可以看出，在新时代背景下，国家已将创新提升到了特别重要的位置，对于各产业和企业来说，这是很好的机遇。同时伴随着科技的进步和社会的发展，企业之间的竞争不断升级，创新的范式也发生了很大变化，企业单靠自身的力量已经难以立足。特别是对于技术难度高的产品创新，企业更难以依靠自身力量发挥竞争优势。因此，企业需要同合作伙伴组成创新网络，形成合力，提升创新效率，降低创新成本，发挥竞争优势。如今，创新网络已成为大型核心企业产品研发创新的重要环境和载体。

汽车产业是国民经济发展的战略性、支柱性产业，核心企业的创新能力更是在整个汽车产业发展中发挥着至关重要的作用，关乎整个产业链的创新和质量。如何有效提升核心企业的创新能力、加快技术积累和创新，是国家和产业界一直关注的问题。学术界关于汽车核心企业如何提升其创新能力的研究，较多关注供应商对汽车核心企业创新绩效的影响，较少利用创新网络理论对汽车核心企业的创新过程和行为进行研究。而汽车核心企业的网络组织模式、网络结构以及各主体作用机制很大程度上影响着企业的技术创新产出和产品创新质量。汽车核心企业，特别是后发型汽车核心企业通过创建匹配的创新网络环境，合理配置创新资源，提高创新绩效，已是一大趋势。

本书基于创新网络理论、复杂适应系统（CAS）理论系统研究了汽车核心企业在整车创新中的创新网络，主要从三个模块展开研究：第一个模块研究了汽车核心企业应采取何种创新网络模式才能更好配置创新资源；第二个模块研究了汽车核心企业内外创新网络对创新绩效的影响机理；第三个模块研究了汽车核心企业在成长过程中内外创新网络对创新绩效的动态作用规律。

本书通过对这三个模块进行越来越深入的研究，告诉读者汽车核心企业在整车产品创新中应采取何种创新网络组织模式，汽车核心企业内部、外部主体如何作用于创新绩效以及主体之间的作用机制，汽车核心企业发展不同阶段所应采取的创新网络资源利用战略。本书丰富了创新网络的研究内容，拓展了创新网络的研究范畴，具有理论意义和现实意义，旨在将创新网络理论进一步延伸，应用到具体产业，为我国汽车核心企业的创新发展提供借鉴参考。

目　录

第1章　绪论

1.1　研究背景及研究问题

1.1.1　研究背景

1. 企业创新网络理论的拓展和深化

随着经济全球化和知识经济飞速发展，创新网络作为企业创新中获得最大收益的主要方式和途径，正成为创新管理研究的热点和实践的主题。学者的研究视角不同，结论各异，有的研究网络结构特征与治理，有的关注企业之间的连接，有的探究创新要素的协同与能力提升……这些研究对企业创新网络理论进行了不断深化和拓展，但是现有文献大都将创新网络视为企业的外部创新网络，将企业作为一个整体黑箱，忽视外部创新网络的连接和行为对内部网络资源的影响以及内部创新主体的连接、参与及技术能力对外部创新网络合作绩效的影响。其实企业创新能力的动态成长过程，是内外网络要素共同作用的结果，该过程中，内外创新网络也是不断进化的有机体。企业发展中，内外创新网络的有机结合和共生演化及对企业创新能力演化的动态影响机制是开放式创新研究的重要内容，是对创新网络理论的进一步拓展和深化，已越来越被学者重视。

2. 创新网络是汽车企业成长发展的必须选择

汽车产业作为一个国家的重要产业，明显的规模效应、辐射效应决定了其对一国经济发展、经济安全的重要意义。然而一个国家的汽车产业如何快速发展，特别是后发型汽车产业如何在汽车产业巨头的打压下快速成长，在世界汽车产业格局中拥有自己的一席之地，是多年来学术界一直在探讨的问题。尤其是日本汽车产业利用50年的发展历史超越了拥有百年发展历史的世界汽车产业领头羊——美国汽车产业，起步更晚的韩国汽车产业也在短短的几十年之内突出重围，能够跟世界汽车巨头相抗衡，显现出十足的竞争力，引起了产业界和学术界的轰动。产业界和学术界从多个视角分析它们成功发展的原因，包括政府的制度保护和扶持、企业战略和管理制度的支持、企业创新网络资源的恰当利用等。其中灵活、正确利用创新网络资源的作用举足轻重。汽车核心企业作为大型制造企业，其整车产品具有多模块、高科技、高复杂度、高关联性、大投资、高风险的特性，同时面临产品生命周期和研发周期不断缩短、顾客需求越发多样化、市场竞争日趋激烈的外部动态环境压力，因而任何单个核心企业都难以依靠个体力量在短时间内创造出适应顾客需求的创新产品，必须依靠内外部创新资源的共生协同进行创新。这样不仅可以将边缘技术产品外包获取前沿技术，还可以降低交易成本、缩短研发周期、提高产品创新质量。日本、韩国汽车核心企业能够作为后起之秀走向成功，很大一部分原因是其合理利用了内外创新网络资源。因此，汽车企业的整车创新是建立在网络资源基础上的集成创新，创新网络在汽车产业中是必然选择，更是必须选择。

3. 中国汽车核心企业的成长困境

中国汽车产业经过60多年的曲折发展，取得了一定的成绩。前期通过政策支持，我国多个国有自主品牌企业主要依靠引进国外技术和产品进行产品组装进入市场，但是在技术引进过程中，并未注重吸收和消化，经历20多年的“市场换技术”路线，这些企业还仅仅是组装车间，并没“换”到理想中的核心技术，建立起自己的核心产品品牌。然而在此过程中，我国多个民营自主品牌汽车核心企业异军突起，如奇瑞汽车股份有限公司（简称奇瑞）、浙江吉利控股集团有限公司、长城汽车股份有限公司（简称长城汽车）、比亚迪股份有限公司等自主品牌核心企业，它们保持开放的创新模式，整合企业内外创新资源，再快速成长。但是相对而言，这些核心企业大部分还处于发展初期或中期，技术水平还不够高，还没有建立起一个具有国际竞争力的品牌，它们在国内的产品市场份额中仅占40%左右[①]，并且这部分市场是低端市

① 董禹含．自主品牌市场占有率跌破40%红线　非主流车企面临生死存亡［EB/OL］．(2019－05－20)［2021－07－12］．http：//auto. people. com. cn/n1/2019/0521/c1005－31095047. html.

场。又由于在近几年激烈的市场竞争中，跨国龙头汽车核心企业的市场定位从中高端市场逐渐延伸到了低端市场，合资品牌企业衍生的目标也是低端市场，这 40% 左右的低端市场也被跨国企业和合资品牌企业不断地侵蚀着，造成我国自主品牌汽车企业发展举步维艰。

鉴于此，我国自主品牌汽车核心企业依然不可避免地要依赖外部创新资源，通过努力创新，通过模仿、消化、吸收等过程进行核心技术快速积累。但是如何利用内外部创新资源，制定什么样的资源利用策略，可使内外部创新资源实现最优匹配，达到核心技术快速积累、企业不断成长的目标，是我国所有自主品牌汽车核心企业发展面临的问题，也是核心企业不断探索的问题，因而成为国内学术界和企业界比较关注的热点问题。

1.1.2　研究问题

将核心企业内外创新网络相结合，研究创新网络的组织模式及其对创新绩效的影响机理，是创新研究的重要内容，这一研究目前尚处于探索阶段。已有的日本汽车核心企业的成功案例和美国汽车核心企业的失败案例证明，汽车核心企业作为大型复杂产品的制造企业，其内外创新网络的协同是后发型汽车核心企业保持和提高竞争力、快速成长的必然选择。因此，探究汽车核心企业内外创新网络的组织模式、创新网络对创新绩效的影响机理以及作用规律，对于拓展和深化核心企业内外创新网络相关理论来讲是一个较好的素材；同时将创新网络理论应用到汽车企业的研究，对于汽车核心企业来讲，为它们如何组织创新资源提供了更好的理论依据。鉴于此，本书依据创新网络理论，选择汽车核心企业为研究对象，提出以下三个研究问题。

问题一：将企业内部创新网络纳入整体创新网络研究的框架，即企业创新网络是由内外创新网络共同组成的，模糊了核心企业边界；那么在汽车核心企业整车创新过程中，该创新网络的组织模式是什么样子的？在不同网络模式下，其网络结构具有哪些特征？哪种网络结构特征更有利于创新绩效提高？目前的研究多从外部网络视角研究网络模式及结构，较少从外部创新网络和内部创新网络相结合视角研究整体创新过程的网络模式及响应结构。

问题二：汽车核心企业内外创新网络对创新绩效的影响机理是什么？目前的研究中大多从外部创新网络视角研究核心企业创新网络对创新绩效的影

响机理，较少将外部创新网络、内部创新网络纳入一个模型研究内外创新网络相互作用对创新绩效的影响机理。本书将结合内外创新网络的研究，以我国汽车核心企业为研究样本，通过实证研究，明确汽车核心企业内外创新网络中各个特征变量对创新绩效的影响程度，厘清内外创新网络相互作用对创新绩效的影响过程，最终得出汽车核心企业创新网络对创新绩效的影响机理。

问题三：在汽车核心企业，特别是后发型汽车核心企业，成长过程中，内外创新网络对创新绩效的作用过程是如何演化的，是否有规律可循？目前的研究仅仅提及汽车核心企业内外创新网络的重要作用，没有从核心企业成长角度系统研究各个阶段内外创新网络对创新绩效的作用机制及其演化规律，并且缺乏一套动态的研究方法去再现内外创新网络相互作用下企业的成长过程。因此，挖掘企业成长过程中内外创新网络相互作用的演变规律及其关键影响因素就显得较为必要。

1.2 研究意义

1.2.1 理论意义

第一，拓展了企业创新网络的研究范畴，延伸了企业创新网络理论。本书将企业内部创新网络纳入企业创新网络的研究系统，研究内部创新网络和外部创新网络组成的整体创新网络的组织模式和网络结构，找出适合复杂产品创新的网络模式和结构。

第二，深化了核心企业内外创新网络的互动理论。在研究汽车核心企业创新网络对创新绩效的影响机理时，具体分析了企业内部网络和外部网络的相互作用，厘清了内外创新网络的作用机理；同时在研究汽车核心企业创新网络对创新绩效作用的动态演化时，找出了企业发展不同阶段内外创新网络之间的相互作用机制，以及随着企业成长、技术能力提高，该机制的演化规律。

第三，丰富了创新网络应用的具体对象。创新网络的研究视角多样、理论丰富，但是大多以区域、集群、中小企业创新网络为研究对象，较少以生产复杂产品的大型制造企业为研究对象，此类企业的内外创新网络比中小企业创新网络要复杂得多，其网络结构的生成和演化过程跟中小企业相比，也有差异。

第四，拓宽了 CAS 理论与方法的应用领域。CAS 理论是一种人类认识自然和社会现象的重要思维理论，其提供了一套相应的研究工具——多主体模拟方法。目前，在企业创新网络的研究中也有学者用到它，但是内外创新网络的共生协同作用研究缺乏一套动态的研究工具和方法。因而，本书利用 CAS 理论，构建汽车核心企业成长过程中内外创新网络的相互作用模型，基于仿真模拟挖掘内外网络的作用机制和演化规律，填补了内外创新网络协同作用在研究方法和工具方面的空白。

1.2.2 实践意义

首先，分析了汽车核心企业在整车研发创新中应该采用的网络模式和响应的网络结构特征，进而为整车核心企业高层管理者在整车研发创新中更好组织内外创新网络提供了理论依据，使我国处于发展初级、中级阶段的汽车核心企业能够更好组织内外创新网络，重视双网络匹配的重要性。

其次，明确了汽车核心企业创新网络对创新绩效的影响机理，具体分析了内部创新网络各特征变量间的影响路径及内部创新网络和外部创新网络对创新绩效的作用路径，还有内外创新网络共同对创新绩效的作用过程，进而使我国汽车核心企业吃透核心企业内部创新网络、外部创新网络对创新绩效的作用路径和机理，能够在组织创新网络资源中，更具有方向性和目的性，而不是盲目、无效地组织创新网络资源。

最后，研究了汽车核心企业成长过程中内外创新网络对创新绩效作用的演化规律及阶段演化特征。后发型汽车核心企业根据该演化规律和特征可以明确企业自身处于哪个发展阶段以及未来的发展方向，同时可以明确采用何种内外网络资源利用战略能够更好促进企业可持续成长和发展，进而为我国处于发展困境的自主品牌汽车核心企业提供发展的理论依据和信心，也使我国政府对后发型汽车核心企业的成长路径更为了解，进而对自主品牌汽车核心企业进行科学引导和政策支持。

1.3 关键概念界定

1.3.1 创新网络界定

创新网络这个概念最早来源于创新研究领域的重要期刊 *Research Policy*（《研究政策》）的第20卷第6期，该期中有一个关于创新者网络（networks of innovators）的研究专集，对创新者网络进行了回顾和分析。Freeman 在此基础上通过整理总结及进一步延伸，真正提出了创新网络这一概念。他认为，创新网络是应付系统性创新的一种基本制度安排，网络构架的主要连接机制是企业间的创新合作关系。之后便兴起了企业创新网络研究的热潮，国内外研究学者基于 Freeman 的研究，不断对企业创新网络的内涵进行扩展和完善，形成较为完整成熟的定义，即企业与各行业为主体（高校、研究院、竞争企业、供应商、销售商、中介机构、金融机构和政府）在交互式的作用当中建立的相对稳定的、能够激发或促进创新的、正式或非正式的关系总和。但是，这些研究大都将企业视为一个整体节点，将企业内部网络视为一个黑箱，较少关注企业内部创新网络以及内部创新网络和外部创新网络之间的协同作用对企业创新绩效的影响。本书第 2 章的文献述评将对此进行详细论述。本书将企业的内部创新网络纳入企业创新网络研究的范畴，将企业创新网络的内涵进一步延伸，认为企业创新网络是在产品创新过程中，企业内部各参与部门以及外部各参与组织围绕创新而形成的各种正式与非正式合作关系的总体结构（见图 1－1）。

该网络是内部创新网络和外部创新网络的综合体，不仅包括由产品创新过程中企业与外部各参与主体（竞争企业、高校、研究院、供应商、零售商、政府、金融机构）组成的创新网络，还包括由内部各参与部门（规划协调部门、研发部门、生产部门、销售部门、其他辅助部门）组成的创新网络。并且不是以企业为节点去跟外部节点连接，而是揭开企业这个外壳，将内部创新参与部门作为节点跟企业外部节点直接连接，模糊了企业组织边界。这样，将企业产品创新的整个网络更为系统和全面地勾画了出来。研究该网络的结构和网络内外主体间相互作用的机理及规律，对核心企业如何更好组织、分

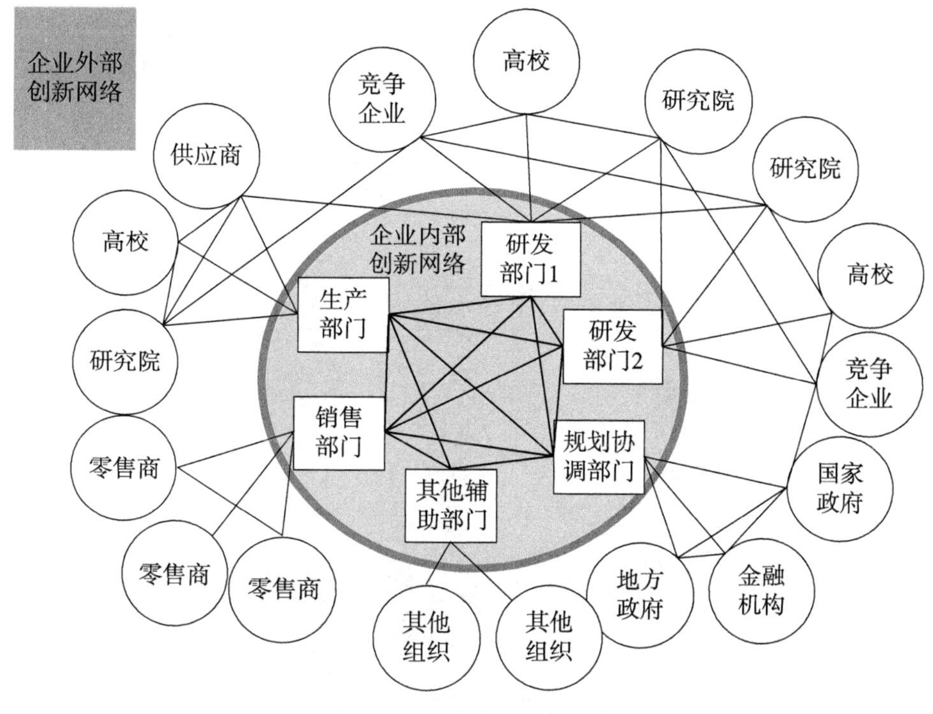

图 1－1　企业创新网络示意

配和协调创新资源以达到更好的创新绩效，会有更大的启示意义。

1.3.2　汽车核心企业创新网络界定

在核心企业创新网络界定的基础上，本书界定了汽车核心企业创新网络，根据整车研发过程将汽车核心企业创新网络进行了简单划分，如图 1－2 所示。

外部创新网络主体包括高校及科研院所、政府及金融机构、供应商、其他企业。内部创新网络主体包括整车研发过程中的纵向流程部门、横向关键组件部门及总体协调规划职能部门。其中，纵向流程部门包括创新规划部门（任务是进行潜在市场信息收集、分析和创新项目预研）、创意部门、设计部门、样车试制部门、生产部门及销售部门；横向关键组件部门包括整车制造中各个关键组件（发动机、底盘、车身等）的研究单位和部门；总体规划协调职能部门是在整车创新中进行整体协调的决策部门以及服务部门，如总工程师部门、财务部门等。

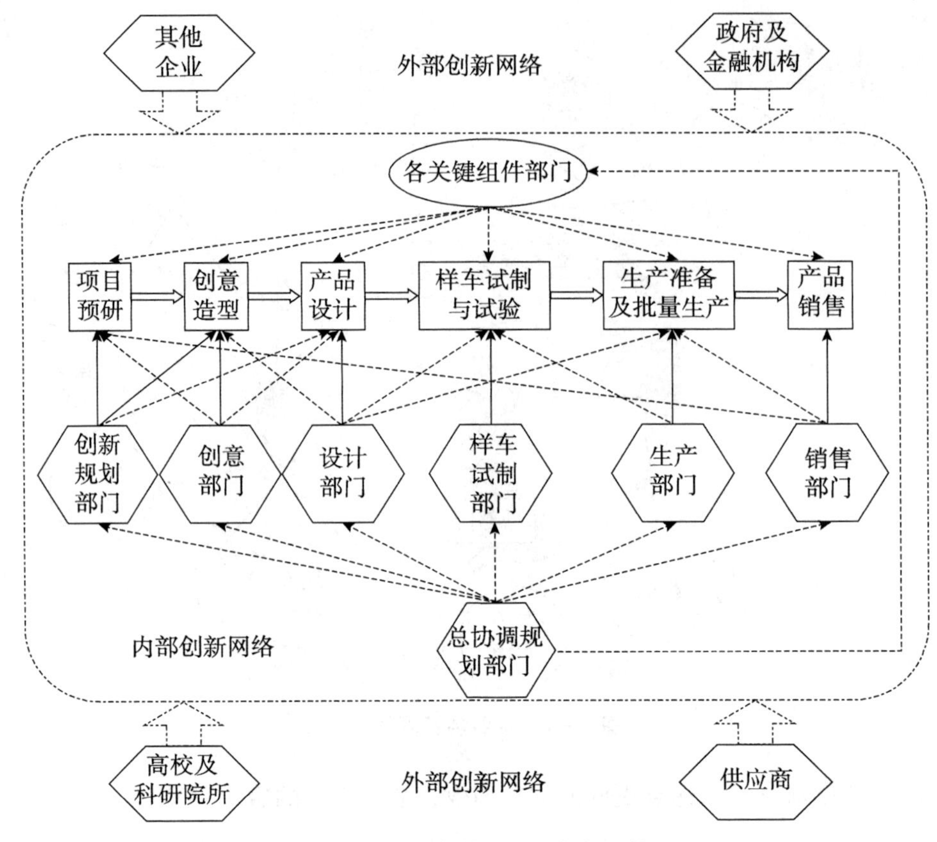

图1－2 汽车核心企业创新网络

1.3.3 核心企业创新网络模式界定

企业要想借助创新网络成功创新，就必须寻求与自身特点匹配的创新网络模式。这在目前研究中已是共识，学者也在积极探讨不同的企业创新网络模式，但关于企业创新网络模式概念的界定屈指可数。一些学者在研究中默认企业的创新网络模式就是企业的创新网络结构特征，根据不同的网络结构特征，划分企业不同的创新网络模式，如邬爱其和魏江的研究、毛睿奕和曾刚的研究、郭莉的研究。一些学者在研究中将企业的创新网络模式默认为企业网络化过程中，各主体的参与程度、交互模式以及最后的网络结构特征，根据这些维度的差异来区分创新网络模式，如陈新跃、杨德礼和董一哲的研究，邹文杰的研究，郭永辉的研究。但这些学者并没有明确指出企业创新网络模式的系统概念。仅有周立新在研究家族企业网络模式中指出家族企业的网络模式是家族企业在网络化过程中的行为过程以及该行为过程导致的网络化结果，其中网络化的行为过程包括合作伙伴选择、合作收益分配、合作双方组织身份认知、合作所需信任建立等，网络化结果包括网络性质（人际关系网络、经济网络、混合网络）、网络异质性（网络关系类型与范围）、网络结构特征（网络中心度、网络关系强度、网络关系持久度、网络开放度）等方面内容。该概念是一个系统概念，概念中不仅包括网络的结构，还包括导致该结构的行为过程。受其启发，笔者认为在本书企业创新网络模式的界定中，也应该包括组织网络的行为过程和最后形成的网络结构，进而将本书所研究的核心企业创新网络模式界定为企业在创新中组织创新资源时的网络化行为过程和网络化结果。其中，网络化行为过程主要指核心企业在利用网络组织创新资源时的一切行为过程，主要包括核心企业对创新流程的组织过程、对合作伙伴的选择过程、与合作伙伴的互动过程、利益分配过程、创新氛围的过程等；网络化结果主要指核心企业创新网络的结构特征，包括网络规模、关系强度、网络密度、结构洞等指标。

1.4　研究方法和技术路线

本研究涉及汽车核心企业研发创新过程中创新网络的组织模式、网络结构，创新网络对创新绩效的影响机理，以及在汽车核心企业成长过程中内外创新网络的作用机制和对创新绩效的作用规律等一系列内容，在研究方法的选取上特别注重不同研究问题本身的特点与要求，旨在使研究方法选取具备一定的针对性与合理性。

1.4.1　研究方法

本书运用的主要研究方法包括以下几种。

1. 案例研究法

厘清有利于提高创新绩效的整车研发网络模式是本书的主要研究内容之一。美国和日本汽车核心企业整车研发中创新主体之间的连接方式和相互作用过程的极大反差，产生了不同的创新绩效，具有典型性和代表性，所以以美国和日本大型汽车核心企业为例，研究整车创新中创新网络的组织模式及响应结构将是一个较好的选择。

2. 实证研究法

针对汽车核心企业内外创新网络对创新绩效的影响机理问题，本书运用了实证研究法。首先在文献研究和理论分析基础上，提出了汽车核心企业内外创新网络对创新绩效影响的研究命题和概念模型，然后通过企业访谈和问卷调查获取数据，最后通过信度分析、效度分析和结构方程模型分析，验证研究命题和概念模型。分析时所采用的软件工具主要包括 SPSS18.0 和 Amos17.0。

3. CAS 建模和仿真法

CAS 理论强调主体微观适应性造就系统宏观复杂性，基于该理论的研究方法特别适合研究影响因素数量多、彼此相互影响和作用极为复杂的过程造就了整体系统演化的问题。本书利用 CAS 建模构建了汽车核心企业成长过程中内外创新网络对创新绩效的作用模型，通过对该模型进行计算机仿真再现了汽车核心企业的成长过程及其内部网络的完善过程，并进一步挖掘了汽车核心企业成长不同阶段，内外创新网络的相互作用机制及对创新绩效的作用规律。

1.4.2 技术路线

本书的技术路线如图 1-3 所示。

本书的技术路线主要是依据“提出问题—分析问题—解决问题”的思路展开。第一，从核心企业及其外部创新网络和内部创新网络的概念梳理开始，综述了企业内外创新网络的互动研究、企业创新网络模式及响应结构研究、CAS 理论的应用研究以及汽车核心企业创新网络的研究，进而明确了上述领域的研究现状和不足，找出今后应该研究的方向和问题。第二，案例研究和文献分析相结合，研究得出两种典型的创新网络模式及响应结构，并归纳出有利于提高整车创新绩效的网络模式和响应结构，并通过复杂网络仿真法明确该结论，最后对该研究结论进行理论解释和文献验证。第三，依据上述网络的响应结构，进一步深化研究汽车核心企业创新网络对创新绩效的影响机

研究背景：
➢创新网络理论的拓展和深化
➢创新网络是汽车核心企业成长的必须选择
➢我国汽车核心企业的成长困境
科学问题提出
国内外文献综述：
➢企业内外创新网络研究
➢企业创新网络模式及结构研究
➢CAS理论在创新网络中的应用研究
➢汽车核心企业创新网络研究
汽车核心企业创新网络模式研究
提供网络原型
案例选取背景说明
选择美国、日本汽车核心企业为典型案例的原因及数据说明
创新中网络主体的组织过程及绩效比较分析
美国、日本汽车核心企业外部创新网络比较分析
美国、日本汽车核心企业内部创新网络比较分析
美国、日本汽车核心企业整车创新绩效比较分析
案例分析法
网络模式及响应结构获取
分析出典型的创新网络模式和响应结构
总结出有利于整车绩效提高的创新网络模式和响应结构
明确有利于提高创新绩效的网络模式和响应结构
汽车核心企业创新网络模式作用于创新绩效过程的仿真
复杂网络仿真法
从知识观视角提出解释研究结论的理论框架
理论解释及理论验证
研究结论的理论验证
汽车核心企业创新网络对创新绩效的影响机理研究
提供理论依据
汽车核心企业内外创新网络作用于创新绩效的研究框架
归纳总结出作用机理的概念模型
理论研究假设及概念模型
文献分析法
题项测度
问卷设计
问卷收集
实证分析
描述性统计分析、信度分析及验证性因子分析
内外创新网络各个特征变量对创新绩效作用的结构方程模型拟合检验
内外创新网络相互作用对创新绩效作用的结构方程模型拟合检验
结构方程模型研究法
作用机理模型修正
汽车核心企业创新网络对创新绩效作用机理模型的修正及讨论
汽车核心企业成长过程中对创新绩效的作用规律
汽车核心企业成长阶段的简单划分
规律提出
不同阶段内外创新网络相互作用过程及对创新绩效影响的具体分析
不同阶段内外创新网络相互作用机制及对创新绩效作用规律的理论模型提出
理论分析
仿真模型构建
创新主体分类
创新主体行为设计
模型仿真与企业成长过程再现
模型Swarm仿真
创新净收益变化量
创新成果累积量
内部创新网络完善
CAS建模和仿真法
规律进一步挖掘
企业成长中内外创新网络相互作用机制及对创新绩效作用规律的挖掘及关键影响要素分析
案例验证
汽车核心企业创新网络对创新绩效作用规律的案例验证
研究启示与应用
研究结论与不足

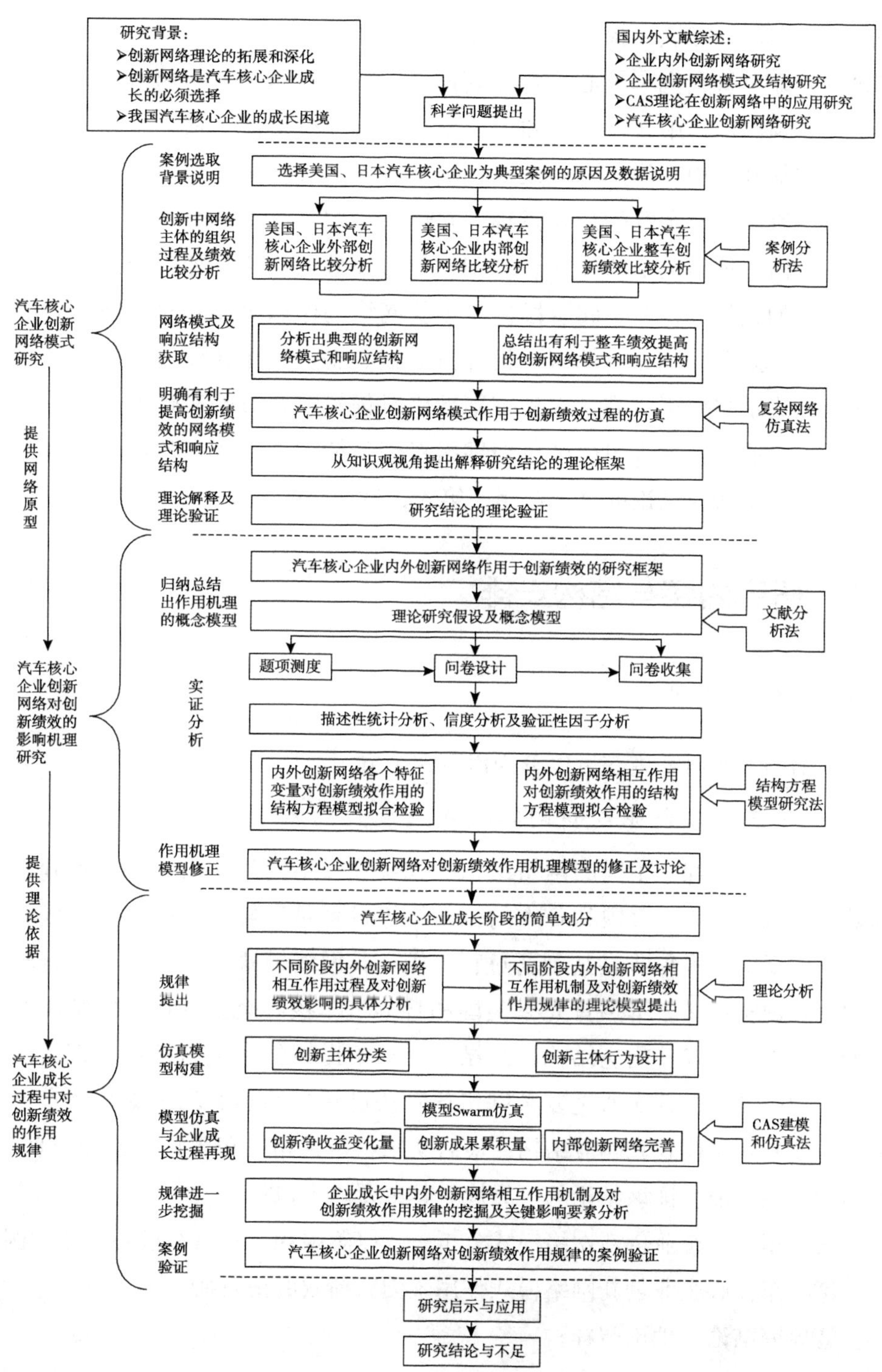

图1-3 本书的技术路线

理。运用实证研究法，提出研究假设，通过问卷收集数据，运用结构方程模型进行验证，研究汽车核心企业创新网络对创新绩效的影响机理。第四，根据上述影响机理，用文献分析和理论分析进一步得出汽车核心企业成长过程中内外创新网络相互作用机制及对创新绩效作用规律的理论框架，基于CAS理论再现汽车核心企业的成长过程，并进一步挖掘汽车核心企业成长过程中不同阶段内外创新网络的作用机制和对创新绩效的作用规律，通过汽车核心企业奇瑞的成长过程及不同阶段内外创新网络的作用机制和对创新绩效的作用，验证上述研究结论。第五，设计汽车核心企业整车研发过程中，网络模式选择的启示与应用研究、内外创新网络对创新绩效影响机理的启示与应用研究以及企业成长过程中内外创新网络对创新绩效作用规律的启示及应用研究，作为本书研究结论的具体应用。第六，讨论研究不足并且归纳研究结论。

1.5 研究内容与结构安排

1.5.1 研究内容

本书的主要研究内容可以分为以下四个方面。

1. 汽车核心企业创新网络模式及响应结构研究

企业创新过程中不同的网络组织模式会导致不同的网络组织结构和创新绩效，在汽车产业，美国和日本的创新组织过程是比较典型的失败和成功案例。从创新网络视角研究其创新过程，探究其网络模式及响应结构具有较大的理论和现实意义。本书首先以美国和日本汽车核心企业为例，归纳出两种典型网络组织模式及响应结构，总结出有利于提高整车创新绩效的创新网络模式和响应结构；其次通过复杂网络仿真法进一步明确有利于提高整车创新绩效的创新网络模式和响应结构；最后从知识观视角解释了该结论的合理性，并通过文献验证验证该结论的可靠性。其主要内容包括：

①汽车核心企业创新网络模式分析——以美国和日本汽车核心企业为例；

②汽车核心企业创新网络模式作用于创新绩效的仿真研究；

③研究结论及理论解释；

④理论验证。

2. 汽车核心企业创新网络对创新绩效的影响机理研究

汽车核心企业内部创新网络、外部创新网络及其相互作用在整车产品的创新中发挥着重要作用，那么其对创新绩效的影响机理是什么？本书应用实证研究法，结合现有理论研究，通过理论推演，推导出内外创新网络对创新绩效影响过程的假设命题，提出了汽车核心企业对创新绩效作用机理的两个概念模型，根据实证研究的步骤，通过结构方程模型，验证了上述理论假设，得出汽车核心企业创新网络对创新绩效的作用机理。其主要内容包括：

①汽车核心企业创新网络对创新绩效影响机理的研究框架；

②理论假设及概念模型；

③问卷设计、变量测度、数据收集、数据分析的工具与方法；

④描述性统计及信度效度检验；

⑤结构方程模型验证分析；

⑥研究结论。

3. 从核心企业成长视角研究汽车核心企业创新网络对创新绩效的作用规律

从动态演化角度研究汽车核心企业成长过程中内外创新网络的作用机制及其对创新绩效的作用规律，鲜少有学者涉足，并且 CAS 理论和方法是较好的研究动态复杂演化的工具，所以笔者首先通过文献梳理和理论分析的方法，分析得出汽车核心企业成长过程中内外创新网络的相互作用机制及对创新绩效作用规律，并归纳出理论框架。然后在此基础上，运用 CAS 理论构建了汽车核心企业成长过程中内外创新网络相互作用模型，通过计算机仿真再现汽车核心企业的成长过程和内部网络完善过程，并通过情景分析，挖掘出核心企业成长的不同阶段，内外创新网络的相互作用机制及对创新绩效的作用规律。最后通过奇瑞案例研究，对上述汽车核心企业成长过程、不同阶段内外创新网络作用机制及其演化规律进行了验证。其主要内容包括：

①汽车核心企业成长过程中内外创新网络对创新绩效作用规律的理论框架；

②汽车核心企业成长过程中内外创新网络对创新绩效作用过程的仿真；

③汽车核心企业成长过程及其内部创新网络完善过程再现；

④汽车核心企业成长过程中内外创新网络相互作用机制及对创新绩效作用规律的挖掘；

⑤案例验证——汽车核心企业奇瑞成长过程中内外创新网络的相互作用机制及对创新绩效的作用规律。

4. 本文研究结论在我国汽车核心企业创新网络中的应用

主要针对前三项研究结论在我国汽车核心企业创新网络中的应用进行论述。其主要内容包括：

①汽车核心企业整车创新中的网络模式及其响应结构的启示及应用；

②汽车核心企业创新网络对创新绩效影响机理的启示及应用；

③汽车核心企业成长过程中内外创新网络对创新绩效作用规律的启示及应用。

1.5.2 结构安排

本书的具体结构安排如下。

第1章和第2章分别为绪论和国内外研究综述。第1章主要论述了本书的研究背景及研究问题、研究意义、关键概念界定、研究方法和技术路线、研究内容与结构安排，以及创新点。第2章为本书相关领域的文献综述。

第3章利用美国和日本汽车核心企业的案例，从外部创新网络、内部创新网络两个层面，比较分析了整车创新过程中内外各创新主体的参与性和合作性，并比较分析了各自对应的创新绩效。基于此，总结分析了美国和日本汽车核心企业创新的网络模式及其响应结构，最终得出有利于提高汽车核心企业整车创新的网络模式和网络结构，并通过计算机模拟仿真明确上述结论的可靠性，最后从知识观视角对上述结论的合理性进行了理论解释，同时通过国外知名期刊验证了该结论的科学性。

第4章是在第3章的研究基础上，进一步细化、深化，从内外创新网络两个层次研究了汽车核心企业创新网络对创新绩效的影响机理。首先通过理论分析和文献分析得出理论假设和概念模型；其次介绍了本书实证研究的具体过程，包括问卷设计、题项测度、样本选择及数据收集、模型验证的方法和工具选择；最后通过结构方程模型对本书的概念模型进行了验证分析，得出了汽车核心企业创新网络对创新绩效的作用机理。

第 5 章在第 4 章的研究基础上，进行了进一步延伸，从动态演化视角研究了汽车核心企业成长过程中内外创新网络的作用机制及其对创新绩效的作用规律。首先分析了汽车核心企业成长过程中内外创新网络的作用机制及对其创新绩效作用规律的理论框架；其次运用 CAS 理论构建了汽车核心企业成长过程中内外创新网络相互作用模型，通过计算机仿真再现了汽车核心企业的成长过程和内部网络完善过程，并通过情景分析，挖掘出汽车核心企业成长不同阶段，其内外创新网络的相互作用机制及对创新绩效的作用规律；最后通过分析汽车核心企业奇瑞的成长过程及其内外创新网络的作用机制和对创新绩效的作用规律，对上述研究结论进行验证。

第 6 章是第 3 章到第 5 章的研究结论在我国汽车核心企业创新网络中的启示和应用。

结论与展望部分归纳了本书的主要研究结论，并讨论了研究的不足之处以及未来的研究方向。

1.6　创新点

第一，将内外创新网络相结合，提出了有利于提高整车创新绩效的创新网络模式和响应结构，对于汽车核心企业在创新中采用适合的创新网络模式来提高创新绩效具有一定的参考价值。

基于强弱关系理论、强弱网络结构理论，运用案例分析法，总结出整车研发创新中两种典型的创新网络模式和响应结构，分析出有利于整车创新绩效提高的创新网络模式和响应结构；依据复杂网络理论，构建了汽车核心企业创新网络模式作用于创新绩效的仿真模型，并通过它进一步明确有利于整车创新绩效提高的创新网络模式和响应结构，发现响应结构的复杂特征；从知识观视角阐明研究结论的合理性和科学性，并通过文献对比来验证研究结论的正确性。

目前学术界有涉及核心企业创新网络模式及响应结构的文献，但是，极少有学者将内部创新网络纳入企业整体创新网络研究其网络模式和结构。本书首次明确提出了核心企业创新网络的系统概念，强调了内外创新网络的共同组成，在此基础上首次研究了汽车核心企业整车创新中的网络化过程，分析其网络模式和网络结构，所以，此创新点拓展了核心企业创新网络模式和网络结构的研究范畴，进而提供了一个新的研究视角；目前学术界关于创新网络中强弱关系和强弱结构对创新绩效的影响效果还有较大分歧，本书提出，整车创新中，相对于链式独立型网络模式和松散链式星形网络结构，网式整合型网络模式和开放网式中心外围双网络结构更有利于创新绩效提高，强调了在强弱相结合的双网络结构中，强网络结构是整个网络更好发挥作用的前提和核心，该结论不仅支持了弱网络结构不利于复杂产品创新而强弱相结合的双网络结构更有利于复杂产品创新的论点，而且进一步延伸了强弱网络结构理论，强调了强网络结构在双网络结构中的核心地位，进而为我国汽车核心企业的网络化行为过程提供了一定的实践指导参考。

第二，从内外创新网络两个层次深入剖析了汽车核心企业创新网络影响创新绩效的本质过程，厘清了内外创新网络对创新绩效的影响机理，为汽车核心企业深入有效管理内外创新网络提供了一定的理论依据。

针对汽车核心企业创新网络对创新绩效的影响机理，本书将外部创新网络和内部创新网络整合到一个研究框架中，按照网络特征变量—知识整合/知识创新—创新绩效这样的逻辑思路，提出关于汽车核心企业创新网络对创新绩效作用机理的研究假设，构建了两个汽车核心企业创新网络对创新绩效作用机理的概念模型，通过调查问卷、信度分析、效度分析和结构方程模型分析验证假设和概念模型，得出了汽车核心企业创新网络对创新绩效的作用机理。

目前，虽然关于企业创新网络对创新绩效的影响的研究文献较多，但是焦点大都是企业外部创新网络，将外部创新网络和内部创新网络纳入一个框架，研究内外创新网络相互作用对创新绩效影响机理的文献还不多。本书以大型汽车核心企业为研究对象，建立了系统的核心企业创新网络对创新绩效影响机理的理论模型，分析出外部创新网络主要通过内部创新网络间接作用于创新绩效和内部创新网络对创新绩效的间接作用不明显这一机理，并厘清了外部创新网络各特征变量和内部创新网络各特征变量对创新绩效的影响过程，强调了外部网络中关系强度的最为重要作用和内部网络中共享愿景的基础推动作用，进一步完善了创新网络对创新绩效影响机理的研究，充实了核心企业内外创新网络的协同机理研究，为汽车核心企业深入有效管理内外创新网络提供了一定的理论依据。

第三，从汽车核心企业成长视角充分揭示了内外创新网络在企业成长不同阶段的相互作用机制及其对创新绩效作用的演化规律，为我国汽车核心企业在不同成长阶段采用不同的网络资源利用战略和学习策略提供了一定的实践指导参考。

首先，针对汽车核心企业成长过程中内外创新网络的作用机制及其对创新绩效的作用规律问题，在通过理论分析得出汽车核心企业内外创新网络对创新绩效作用的四个阶段规律基础上，依据CAS理论，完成汽车核心企业成长过程中内外创新网络对创新绩效作用模型的设计，实现了模型的计算机仿真，从核心企业创新成果积累量、创新净收益变化量和内部网络实体节点的增加再现了汽车核心企业的四个阶段成长过程和内部创新网络的完善过程。其次，通过改变企业内部主体自主学习技术内生能力、外部合作学习能力、内部合作协同能力的参数，进行情景分析，进一步挖掘企业成长不同阶段内外创新网络的作用机制及其对创新绩效的作用规律，并找出每个阶段的关键影响因素。最后，通过案例验证该规律。

目前研究中较少涉及内外创新网络的合作协同问题，更少涉及从动态演化角度研究内外创新网络的相互作用机制问题。本书提出了汽车核心企业成长过程中内外创新网络的合作协同规律及其对创新绩效作用规律的理论模型，挖掘出了汽车核心企业成长不同阶段内外网络协同的关键影响因素，丰富了内外创新网络的协同发展与提升企业创新能力的动态关系研究，充实了全面创新管理理论。同时，本书借用CAS理论的回声模型和刺激反应思想，构建内外创新网络协同演化与核心企业成长的过程模型，通过Swarm仿真再现该过程，并挖掘作用规律，拓展了内外创新网络协同演化的研究手段，也为CAS研究方法提供了新的应用实例。本书填补了内外创新网络对创新绩效动态作用规律研究的空白，为我国汽车核心企业在不同成长阶段采用不同的资源利用战略和学习策略提供了一定的实践指导参考。

就三个创新点的联系而言，创新点一的相关内容通过分析汽车核心企业整车创新中的网络构建过程，探索出有利于提高整车创新绩效的网络模式和网络结构，该网络结构为创新点二的相关研究提供了整车创新的网络原型；

创新点二的相关内容在该网络结构下，进一步明晰了该网络结构对创新绩效的影响机理，为创新点三的相关研究提供了应用原理；创新点三的相关内容探究了汽车核心企业成长过程中内外创新网络的动态作用机制及创新绩效的作用规律，是对创新点二的相关研究所得原理的具体应用。

第 2 章　国内外研究综述

2.1　核心企业及内外部创新网络研究

创新网络的研究起源于日本学者 Imai Baba 1989 年的研究工作，他指出创新网络是为适应系统创新而进行的基本的结构安排。Freeman 引用了该概念，1991 年，他在世界著名杂志 *Research Policy* 上发表了一篇题为《创新者网络专刊》的文章，通过对 20 世纪 60 年代和 80 年代成功创新企业及产业的研究，发现了其网络在这一过程中的举足轻重的作用，提出了创新者网络，并指出网络组织是应对系统创新的一种基本的制度安排，是市场和组织之间内部渗透的一种形式。至此之后，创新网络作为一个新的研究领域被广大学者所关注。诸位学者从不同背景、不同角度，运用不同方法对创新网络进行了研究，包括区域创新网络、集群创新网络、企业创新网络、技术创新网络、知识创新网络五个方面，硕果累累。鉴于本书的研究重点和方向，这里主要梳理有关核心企业、外部创新网络和内部创新网络的概念及对创新绩效的影响机理的研究，进而为本书的后续研究找到切入点并提供理论基础。

2.1.1　核心企业

核心企业也称焦点企业，相对于外部网络而言，其处于创新网络的战略中心，具有选择合作伙伴和控制供应链的能力，调节着网络成员间的关系，影响着网络的整体运行和演化。学者们从不同视角对创新网络中的核心企业给出了界定。Vanhaverbeke 等从核心企业规模的角度对微软、索尼、通用电气等大企业进行了研究，用事实证明创新网络中的核心企业应该是网络中规模最大的企业。但是单从企业规模角度界定核心企业显然缺乏说服力，因为创新网络中可能同时存在几个规模很大的企业。一些学者又从技术掌握角度界定核心企业，认为核心企业通常是掌握某种新技术的企业，并且又是创新网络的组织者，这里的新技术是指核心企业所在网络中最有价值的技术，核心企业可以凭借自己掌握的新技术开展有可能对于网络内部其他企业产生正外部性的经营和投资活动。但是单从技术角度界定核心企业，不考虑核心企业在创新网络中的管理和领导能力，也是有缺陷的。同时一些学者，又从知识整合利用视角界定核心企业，Malipiero、Munari 和 Sobrero 从知识、信息流动的特征入手，证明了核心企业是创新网络中的知识引进者，能比一般企业更好地利用外部知识，在实现自身发展的同时促进整个创新网络的创新。Escribano 对两千多家西班牙企业进行了实证研究，更进一步论证了核心企业是那些创新网络中知识吸收和利用能力最强的企业。Pittaway 等认为核心企业往往是网络组织中吸收知识最快的企业，这些核心企业对网络的管理活动会促进网络创新的实现。可以说，从知识视角对核心企业的界定已较为全面，但是其忽略了核心企业自身知识对整个创新网络的扩散作用。Gay 和 Dousset 把创新网络核心企业界定为最善于创新，能够创造对于整个创新网络至关重要的新技术、新工艺或新制度，拥有所在行业关键智力资本的企业，并且认为创新网络的核心企业应该能够提高网络为全体成员企业的技术创新能力，同时刺激对新知识的需求并获取外部市场。最后，学者们综合考虑了上述多个研究视角，从系统角度出发，对核心企业进行了界定，认为核心企业是居于创新网络中心位置、有能力围绕自身构建网络并控制整个网络的大企业，通常主导其他企业的创新、生产经营以及其他知识和资源共享活动，能够评价其他企业对创新网络的贡献并据此决定它们的去留。笔者比较同意该系统界定，这也是本研究所用的核心企业概念。

2.1.2 核心企业外部创新网络

关于企业创新网络的界定大都是关于企业外部创新网络的界定，因此，以下文献中的企业创新网络即为企业外部创新网络。

企业外部创新网络继承了 Freeman 的研究，作为研究创新网络的新范式研究企业在创新过程中所建立的网络关系及其结构。Brass 等认为企业创新网络是由核心企业在创新中与供应商、客户、竞争者以及其他组织之间的长期合作关系组成的。Gulati 从功能的角度来描述企业创新网络，认为企业创新网络是企业间关于资源交换、共同开发产品、共享技术和服务的一种自愿的安排。Harris、Coles、Dickson，Hausler、Hagedoorn 等把企业创新网络看作由制造业中的核心企业、研发机构和创新导向服务供应者组成的协同群体，它们共同参加新产品的概念设计、开发、生产和销售过程，共同参与创新的开发与扩散，通过交互作用建立科学、技术、市场之间的直接和间接、互惠和灵活的关系，参与者之间的这种联系可以通过正式合约或非正式安排形成，而且网络形成的整体创新能力大于个体创新能力之和，即创新网络具有协同特征。这个概念是一个比较全面的概念，也是一个学术界比较认同的概念。

基于国外的研究，国内对企业创新网络的研究起源于王大洲的一篇论文《企业创新网络的进化与治理：一个文献综述》，他在文中提到，企业创新网络是企业为创新活动所构建的网络，即在技术创新过程中围绕企业形成的各种正式与非正式合作关系的总体结构。这个概念比较笼统，仅描述了企业形成创新网络的目的和动机。霍云福等在研究创新网络时，认为企业创新网络指企业为获得创新资源、提升创新能力，在契约关系或在反复交易的基础上，应用互联网信息技术手段，与外部组织机构建立的彼此信任、长期合作、互利互动的各种合作制度安排。这个概念不但描述了企业形成创新网络的目的和动机，还描述了企业形成创新网络的途径和手段。在之后的研究中，对企业创新网络的概念界定越来越具体，沈必扬和池仁勇在研究企业创新网络时，认为企业创新网络就是一定区域内的企业与各行为主体（大学、科研院所、地方政府、中介机构、金融机构等）在交互式的作用当中建立的相对稳定的、能够激发或促进创新的、具有本地根植性的、正式或非正式的关系总和。这个概念的界定中也有局限性，即把企业的创新网络限定在“一定的区域内”。其实，企业的创新合作对象不仅包括区域内的，还可能是区域外的。在此基础上，张帆给出了一个比较全面的概念，他认为，企业创新网络是应付系统性创新的一种基本制度安排，创新网络构架的主要连接机制是企业间的创新合作关系，其构成要素包括创新网络的结点、创新网络组织、创新网络的连接和创新网络的网络协议等，其类型具体可分为合资企业和研究公司、合作研发协议、技术交流协议、由技术因素推动的直接投资、许可证协议、分包、生产分工和供货商网络、研究协会、政府资助的联合研究项目等。本书在界定汽车核心企业外部创新网络时也借鉴了该概念。

2.1.3 核心企业内部创新网络

Nonaka 和 Takeuchi 认为，企业创新网络合并了组织内部和跨越组织的正式与非正式的联系，是一种获取规范化的系统知识、正式报告、软件以及缄默知识的工具，这里的企业创新网络不仅包括企业外部创新网络，还包括内部创新网络。由此可见，创新作为知识型企业生存与发展的关键途径，不仅发生在企业与外部组织之间，更重要的是发生在企业内的个体员工和部门之间，核心企业内部网络是企业网络的一个重要组成部分。它是指在同一个法定实体内，各业务单元之间的一系列正式和非正式关系，主要包括企业内生产部门与研发部门之间的联系，生产部门与营销部门之间的联系，以及研发部门与营销部门之间的联系，该网络具有高强度关系嵌入所表现出来的强连接特征。核心企业创新绩效的提高不仅依赖于外部的创新资源，还依赖于企业内部创新网络，企业内部创新网络是企业创新成功的一个关键影响因素，逐渐被学者发现并被挖掘出重要作用。

关于该领域的系统研究的国内外文献还较少，主要成果总结如下。Achrol 和 Kotler 认为，一个企业如果能在内部网络中促使上下所有员工都积极参与到探索、交流中去，并且具备一种良好的机制可将交流的成果转化为能够创造价值的想法，那么该企业的创新绩效将大大提高。Moenart 和 Caelries 通过对一家电信行业的企业进行探索性研究，发现产品研发中跨部门之间的信息交流非常重要，其很大程度决定了企业创新努力的成功。Hanse 等在研究中发现在企业内，多部门组织可以通过内部复杂网络连接发现新的机会并获得新的知识，并且内部网络为这些新知识传播和共享提供了渠道和可能，进而为企业的创新带来了很大优势。Tsai 作为企业内部创新网络系统研究的重要代表之一，在前人研究基础上，将内部网络的研究进行了进一步拓展和延伸，他依据社会资本理论，从结构、关系和认知三个层面将企业内部网络划分为社会互动纽带（结构层面）、信任和可靠性（关系层面）、共享愿景（认知层面）三个测量维度，并从这三个维度研究了内部网络对企业创新绩效的影响，认为企业内部网络有利于内部创新资源的交换和整合，对产品创新和企业绩效具有重要的影响，最后通过实证分析证实该结论。

在国内的研究中，陈娟认为，从网络的本质来看，企业内部创新网络也是复杂自适应网络的一种，其对企业创新绩效的影响更为重要，其是企业积累创新资产库存的基础和依托，决定着企业的知识吸收能力、创新能力以及对创新成果的控制能力，根据内外创新网络的网络化程度，创新网络可分为共生型、搭档型和合作型三种。稽登科基于前人的研究，从企业内部生产、研发和市场部门之间的联系频率和密切程度、真诚程度和信守诺言程度及目标一致性程度等维度测度内部网络与创新绩效的关系，通过结构方程模型进行实证研究，发现企业内部网络的联系频率和密切程度、真诚程度和信守诺言程度及目标一致性程度与创新绩效呈现显著的正相关关系。任胜刚和宋迎春基于 Tsai 的内部网络研究理论框架，提出内部网络效度概念，通过构建结构方程模型进行实证分析，得出提高企业内部网络效度有利于企业内部资源的交换和共享，增加每个创新主体的知识积累量，提高知识重组和新知识产生的可能性。任宗强基于 Tsai 的研究框架，通过案例研究，认为核心企业内部创新网络在企业创新中起着基础性的作用。由此可见，内部创新网络是企业创新网络的重要组成部分，不可忽略。

2.1.4 核心企业内外创新网络互动

企业创新网络不仅包括外部网络，也包括内部网络，二者共同构成了整个核心企业的创新网络。已有学者提出核心企业内外网络的互动和协调影响着产品的创新过程和创新绩效，但是国内外相关研究还是较为匮乏。Miller 提出了企业集成创新概念，认为企业应该从两个层级进行集成创新；一是企业内部各要素的集成创新，要求将企业各种技术、各个开发项目有机融合，将供应、生产、计划、组织、财务、营销、人事等管理职能进行协同关联；二是企业在整合外部资源的基础上进行集成创新，将外部创新主体的竞争优势纳入核心企业的创新系统，实现不同企业之间资源与能力的互补。Gittell 和 Weiss 从组织内和跨组织两个角度研究合作网络，通过案例分析，提出了一个将组织内协同与组织间协同联系起来的理论框架，指出了组织内协同可以提高组织间协同。Paruchuri 通过对制药企业研究，发现企业间网络（高层次网络）会影响企业内网络（低层次网络）的动态性，企业在跨组织网络中的位置会影响企业内部发明者的作用及其创新活动。Tsai 是该研究比较具有代表性的人物之一，他提出在核心企业的创新过程中，外部网络和内部网络有一个匹配的过程，应该注重对内部网络的投资，技术采购（兼并、研发外包、技术许可、设备购买）对产品创新的作用更多依赖于企业内部网络主体的研发，相对于技术采购，合作创新对核心企业来讲是一个更好的选择，通过对几百家中小科技型企业的实证研究，最终证实该假设的正确性。

任胜刚和宋迎春通过实证分析，认为核心企业内部创新网络在外部创新网络对创新绩效的影响中起着调节作用。任宗强、吴海萍和丁晓通过国内外创新网络文献的梳理，认为网络研究很大程度上仍将企业作为一个节点或主体，研究的是企业整体行为，企业在网络中的内部创新行为仍是一个黑箱，这些研究不能真正揭示企业在网络环境下发生的内部变化和要素配置。他们还以杭州鸿雁电器有限公司为例，分析在企业成长过程中外部网络的开放性及内部网络的参与性对提升企业技术能力的重要作用，认为企业在发展过程中应该注重内外网络的协同。

2.2 核心企业创新网络模式及结构研究

2.2.1 核心企业创新网络模式

网络模式作为新型的组织模式已成为企业创新研究的焦点。通过上述企业外部创新网络、内部创新网络研究的梳理，笔者发现，企业内外创新网络在创新中都发挥着重要作用，那么对于不同类型的企业，在不同的创新环境下，应该选择什么样的创新网络模式，也是学术界一直探讨的问题。创新主体间不同的连接模式构成了不同网络模式，科尔曼（Coleman）和伯特（Burt）从网络整体结构的角度分析了企业创新网络的组织模式，前者认为企业应该采用团结一致的网络模式组织创新，即在创新中创新主体之间的关系强度、整个网络的密度都很高，后者认为企业在资源约束的条件下，为节省成本，应该采用弱网络模式组织创新，即整体网络稀疏、结构洞多，企业的信息控制能力很强，容易获得前沿信息和创新资源。Banerji 和 Sambharya 通过研究几十家日本汽车供应商在进入国际市场时的战略联盟网络形式，认为当供应商与核心企业建立命运共同体的网络模式时，供应商进入国际市场的风险降低，会有更好的投资效应。反之，当供应商与核心企业采取竞争型的网络模式时，会加大投资的风险。国内研究中，陈新跃和杨德礼依据核心企业跟其他企业、高校及研究院、政府之间的连接策略，将企业创新网络模式划分为政府推动的前期合作模式、政府推动的后期合作模式、企业主导的前期合作模式和企业主导的后期合作模式四种类型，并分析了企业应该根据自己的资源、技术能力选择创新网络模式。彭新敏从企业的位置中心度、连接强度来测度企业的创新网络模式，研究了企业如何在动态的环境中选择适合的创新网络模式提高创新绩效。王蓉和张祎雪①依据网络内部连接方式的不同，对美国硅谷和日本筑波科学城技术创新网络模式进行了比较分析，认为美国硅谷成功的原因之一是拥有灵活、信任度高的创新网络模式，而日本筑波科学城失败的原因之一是纵向科层式的网络模式致使网络僵化，信任度较低。张伟峰和万威武根据网络中各主体在创新中参与程度及对网络控制程度的不同，将创新网络分为第三意大利模式、风险资本网络模式、虚拟组织网络模式、核心网络模式和联合体网络模式，又将核心网络模式分为美国网络模式和日本网络模式。阮国祥等认为，在焦点企业引导下的二元性网络模式更有利于焦点企业的创新，这里的二元性网络指的是突破性创新下采用的强连接网络和利用性创新下采用的弱连接网络。郭永辉研究了我国航空制造企业合作创新网络的组织模式，将其分为政府指令型网络模式、政府推动型网络模式和企业主导型网络模式，并分析了每种创新网络模式下的组织结构和网络功能。由此可见，创新网络也有不同的组织模式及响应结构，它们在不同的情境中发挥着不同的作用。

2.2.2　核心企业创新网络结构

从核心企业创新网络模式的概念中可知，不同创新网络模式对应着不同的创新网络结构，下面将从网络节点之间的关系结构和整体网络结构两个方面梳理创新网络结构对创新绩效的影响。

1. 企业创新网络节点之间关系结构对创新绩效的影响

Granovetter 将企业社会网络中的关系分为强关系和弱关系两种，提出弱连

---

① 王蓉，张祎雪. 信任机制与技术创新网络模式的相关性分析 [J]. 科技进步与对策，2008 (7)：13 -15.

接优势理论，认为强连接指网络成员之间的关系比较密切，使网络成员的知识冗余度较高，进而不利于知识、信息的传播和网络创新，而弱连接指网络成员之间有联系，但联系不是很密切，进而知识的冗余度不高，差异化显著，有利于知识、信息的传播和网络创新。在此基础上，一些学者在后续的研究中支持了 Granovetter 的观点。Hansen 指出，强连接更适用于复杂知识的交流和传播，而弱连接更适用于充当搜寻信息时的通道。Roger 和 Lancaster 也认为弱连接有利于企业间知识转移。国内研究中，张首魁和党兴华在研究关系结构、关系质量对合作创新企业间知识转移的影响中，运用了实证研究法，结果表明，当分别选取特定水平的关系结构与关系质量时，弱连接、好的关系质量组合更有利于合作创新企业间的知识转移。杨锐、黄国安采用了社会网络分析法对杭州现代通信产业集群进行了研究，研究发现，研发机构、政府与地方发展支持机构占据集群网络结构的核心位置，点度中心度分别达到了 50、47 和 46，创新能力高的企业具有基于弱关系的网络多样性，与“关系越强越好”的假定相反，杭州手机产业集群的有效网络主要由弱关系和非冗余关系构成。整个集群网络里，63.76%的关系是弱关系，表示整个集群里显性和缄默知识的传递主要依靠参与者的弱关系。

而一些学者则并不认同 Granovetter 的观点，Fritsch 和 Kauffeld - Monz 在研究网络结构对知识传播的影响中，通过调查德国 16 个区域创新网络中的 300 个企业，得出结论：企业之间强连接比弱连接更有助于知识和信息的传播。Phelps 在研究联盟网络结构对企业突破性创新的影响中，通过对 77 个电信装配制造商进行调查得出：网络关系的高强度将有助于提高技术多样化的影响力度，有利于企业的突破性创新。甚至有研究指出，从企业间连接强度出发是无法解释企业间知识转移的绩效的。

由此可见，在网络节点之间的弱连接和强连接当中，到底谁与知识转移、创新网络绩效的产出呈正相关关系，截至目前，学者并未达成一致观点。

2. 企业创新网络结构对创新绩效的影响

关于企业创新网络结构对创新绩效的研究较多，同上述节点之间关系结构对创新绩效影响的研究类似，学者见仁见智，并未针对创新网络结构对创新绩效的影响形成一致观点。Coleman 和 Burt 在 Granovetter 的强弱关系理论基础上提出了不同的创新网络模式及结构，Coleman 强调各成员团结一致、紧密相连的创新网络，也称闭合的创新网络，认为这样的创新网络更有利于创新主体之间隐性知识的传递和共享，更有益于创新成果产出；而 Burt 强调创新网络中信息资源的控制，因而提倡弱关系网络结构，即网络中结构洞较多，网络较为松散，认为这样的创新网络更有益于大范围获取非冗余的创新知识和信息，进而更有利于创新成果产出。自此这两种理论观点引起了学术界的大量研究，一些学者支持 Coleman 的理论观点，认为强网络结构更有利于核心企业创新，如 Ahuja，Dyer 和 Nobeoka，Schilling 和 Phelps，Phelps 和 Paris，Fritsch 和 Kauffeld－Monz。一些学者支持 Burt 的理论观点，认为弱网络结构更有利于核心企业创新，如 Hargadon 和 Sutton，McEvily 和 Zaheer。还有一些学者表示采用强网络结构和弱网络结构取决于创新任务的属性，如 Hansen、Uzzi 等指出相对比较复杂的、不确定性的创新任务比较适用于强网络结构；反之，相对比较简单、确定性较高的创新任务比较适用于弱关系网络结构。但 Gabbay 和 Zuckerman 认为，在基础性创新中，由于创新任务是复杂的和不确定性的，弱网络结构更有利于科学家获取创新知识，达到创新目的；在应用性研究中，由于创新任务的复杂度和不确定性较低，强关系网络结构更有益于创新。可以看出，上述这些研究都是把 Coleman 和 Burt 的观点相互对立起来进行分析，而 Rost 在后来的研究中认为这两种看起来矛盾的理论观点其实是互补的，他指出，先前的研究过于强调弱网络结构的重要性，没有强关系的弱网络结构是没有价值的，而没有弱关系的强网络结构有一定的价值，如果二者能够较好结合，则是一个比较理性的创新网络结构，更有利于创新。也就是说 Burt 的理论观点对 Coleman 的理论观点起补充作用，反之，没有 Coleman 理论，Burt 的理论就不成立。

由此可见，Coleman 和 Burt 的强弱网络结构，仍然是一个研究热点，学者在不断地对 Coleman 和 Burt 的矛盾观点进行延伸和深化，关于有利于创新绩效提高的网络结构还在不断探讨当中。

2.3　CAS 理论在创新网络研究中的应用

2.3.1　CAS 理论的基本思想与特性机制

Holland 教授（美国圣塔菲研究所）提出，CAS 理论的核心思想是主体适应性产生系统复杂性。主体适应性指系统中的个体能够与环境以及其他个体进行交流，在这种交流的过程中“学习”或“积累经验”，并且根据学到的经验改变自身的结构和行为方式。各底层个体通过交互，可以在更高层次，乃至整体层次上凸显出新的结构和更复杂的行为，即复杂系统的“涌现性”。

Holland 教授还指出，现实世界中的 CAS 通常具备 4 个特性和 3 种机制，4 个特性分别是聚集、非线性、流和多样性；3 种机制为标识机制、内部模型机制、积木机制。聚集指系统中主体可以相互黏着形成多个体聚集体（多主体），多主体还可以继续黏着形成更为复杂的聚集体；非线性指主体属性变化不完全遵循线性规律，涉及非线性因素和过程；流指主体之间乃至主体与环境互动过程中出现的信息流、能量流、物质流等；多样性指主体之间存在着各种差异性，此类差异性有不断分化乃至扩大的趋势；标识机制用来帮助主体进行信息识别和行为选择；内部模型机制指 CAS 内部通常可以分为多个层次，每个层次都可视为一个内部模型；积木机制指构成 CAS 整体的基本构件与简单个体。一般而言，凡是具备上述特性和机制的系统都可以视为 CAS，从而应用 CAS 方法来研究。

目前 CAS 理论和方法已经渗透到生物学、经济学和管理学等众多学科和研究领域之中，有着为数众多的应用实例，本书主要聚焦于其在企业创新网络研究领域内的具体应用。基于 CAS 理论来研究网络知识流动与技术创新问题，近年来逐渐成为这一领域内的热点，其文献数量相对较多。

2.3.2 CAS 理论在核心企业创新网络演化规律中的应用

越来越多的学者将其研究对象视为一种复杂自适应系统，应用 CAS 方法探求并且解释其中的规律。就产业集群研究领域而言，Pyka 等人依据 CAS 理论于 2004 年构造出创新网络知识仿真动力学模型 SKIN，并在后续的研究中应用该模型对集群创新网络中企业创新行为进行了研究。该模型设定每个企业都有自己的知识基（Kene），知识基可以通过学习活动发生变化，企业依据产品的销售状况决定是否改变其知识基，企业可以通过渐进式创新、突破式创新以及同盟合作等形式具体改变其知识基从而追求更大的利润。这一模型完美地呈现了企业在创新网络中向市场学习、向其他企业学习，自主研发和企业间模仿学习等一系列企业适应性创新活动。Brenner 与 Weigelt 研究了产业集群的空间动力问题，他们以CAS方法仿真企业对特定地区的集聚，以及新企业的产生，进而观察产业集群中企业数量的变化。其研究结果显示，可能导致企业在特定地区集聚的原因有很多，具体包括企业衍生、知识溢出、技术协同以及共享公共设施等。Fioretti对意大利普拉托（Prato）区的纺织产业集群的生产链条进行了CAS仿真，他将仿真的时段设置为1947—1993年，在20世纪50年代和60年代，企业间通过价格来进行竞争；而在20世纪70年代到90年代，外界环境发生了变化，生产链的结构也有所调整，该集群的竞争重点变为在较短的时间里小批量地提供样式众多的纺织产品，他通过这样一种过程的仿真指出了集群的自组织性和对环境的适应。付韬利用了CAS理论中的经典模型——回声模型，对焦点企业集群创新网络的演化规律进行了仿真，从网络主体创新净收益总和的增长、最终产品性能的提升和网络结构的变化等方面再现了焦点企业核心集群创新网络的演化过程。尽管上述CAS创新网络相关文献研究的是创新网络中不同方面的问题，却无一例外地关注了网络中主体与环境以及主体之间的交流方式。

2.4　汽车核心企业创新网络

汽车核心企业的研发创新过程是一个复杂的过程，其内部创新网络、外部创新网络的关系错综复杂，学术界对该创新过程和创新网络不断进行探究，并试图利用创新网络理论对汽车核心企业创新过程及网络规律进行解释。

2.4.1　汽车核心企业外部创新网络

早在20世纪80年代，日本汽车企业的异军突起就引起了学术界的关注，比较有代表性的研究是哈佛大学和麻省理工学院的研究，相关人员通过大量实证调研对日本、美国和欧洲各国的汽车核心企业的整车研发创新过程进行比较分析，发现了日本汽车核心企业供应商在创新过程中的早期参与、核心零部件的研发设计、同核心企业的频繁沟通对整车创新的研发周期和产品质量都有显著影响。此后多位学者不断聚焦供应商网络在汽车核心企业创新中的重要作用，认为汽车制造企业的利益情况（研发周期、产品质量、生产效率、降低成本等）与网络成员特别是供应商的关系非常密切，相关研究具体梳理如下。

Zhang、John 等通过对美国汽车行业三巨头[①]和日本的本田、尼桑及丰田的一级供应商的调研，认为核心企业和一级供应商的频繁交流互动，尤其是对一级供应商的资金和技术支持，以及供应商在研发创新中的参与，都会提高供应商对核心企业所供应零部件投资的积极性和主动性，增加了双方的创新收益。他们同时研究了它们之间的关系压力对投资积极性的消极影响，发现核心企业对供应商的技术和资金帮助及供应商在整车创新中的高度参与会消除这种消极影响，进而进一步强调了核心企业和供应商之间强网络的重要性，不仅要注重频繁交流互动，更要注重信任和互惠。Yozi 比较研究了日本和韩国汽车企业和供应商组成的创新网络，发现日本汽车企业跟供应商所组成的创新网络优于韩国的创新网络，日本汽车企业通过创新网络跟供应商的交流更为频繁。Ali 认为日本汽车企业能够在竞争激烈的环境中一枝独秀，最关键的武器是其跟供应商之间的协同，他通过研究美洲虎（现称捷豹）和日本电装之间的关系演化过程，研究了欧洲汽车企业和供应商的关系，认为欧洲汽车企业正在向日本学习，其管理供应商的方式方法在改变。Mudam 和 Helper 在探究“合作关系—对抗模型”中，以美国汽车产业中总制造企业跟供应商的关系为例，通过实证研究发现，在美国汽车产业中，核心企业跟供应商的关系虽然是合作关系，但是多为对抗竞争关系，很少形成高度信任的关系。Peters 和 Becker 研究了德国汽车产业的垂直整合网络，提出了汽车企业合作创新网络，他们认为，在创新网络中，汽车制造企业之间的合作必不可少，汽车制造企业跟供应商之间的创新合作也非常关键，他们从产业组织理论角度和实证角度通过博弈论和实证方法研究了垂直网络结构、效率及溢出效应；他们还认为，在汽车制造企业和供应商企业建立的研发网络中，汽车制造企业应该主动向供应商传递技术信息，并对其进行激励，这有利于创新网络效应的发挥，进而缩短研发周期、提高产品质量。Cole 认为质量的提高和完善也应该被视为创新成果的一个标准，并以美国和日本汽车产业为例，阐述了产品质量的提高和增量性创新是一致的，但是不利于突破性创新，因为有时企业为了追逐质量，会延误了新产品投入市场的最佳时机。Ro、Liker

① 美国汽车行业三巨头指通用汽车公司、福特汽车公司和克莱斯勒汽车公司。

和 Fixson 从供应商参与研发设计的角度，以日本汽车企业垂直创新网络模型为对照标准，研究了在不同历史阶段美国汽车企业与供应商关系的演化，指出了美国汽车企业和供应商关系虽然发生了明显改善，但是还存在不足之处。Langner 等研究了供应商参与的创新过程管理，强调了汽车企业和供应商协作在项目工程中的重要性。

Paula 指出，许多学者仅注意到了日本汽车核心企业跟供应商的垂直网络，而忽视了核心企业的横向合作创新网络，他将 Granovetter 的强弱关系理论引入汽车核心企业的创新网络研究，认为核心企业跟供应商之间是强关系，是常规合作，但是这不利于汽车核心企业的突破性创新，之后他通过研究日本汽车核心企业跟其他产业核心企业（如五十铃与京瓷）的非常规合作，指出该合作关系是偶尔发生的弱关系网络，但是有利于核心企业吸收稀奇知识，进行突破性创新。Dilk、Gleich 和 Wald 通过对欧洲汽车企业管理者的半结构访谈，基于其中 39 个创新网络（创新网络中不但包括大型汽车制造企业，还包括一级、二级及三级供应商）分析，研究了创新网络的状态和发展，他们发现，欧洲汽车产业的创新网络与创新绩效高度相关，核心企业跟客户、供应商之间建立的信任关系对核心绩效提升有很大帮助。Machikita 和 Ueki 通过实证研究分析了东南亚一些国家的企业创新网络对创新绩效的影响，认为本地汽车核心企业跟跨国汽车核心企业之间的联动与本地汽车核心企业的创新绩效是负相关的，而本地汽车核心企业和跨国供应商之间的联动与本地汽车核心企业的创新绩效是正相关的，同时高校、公共研究机构之间的联动对本地汽车核心企业创新绩效也有着积极的影响。Wang 和 Tanaka 分析了中国汽车企业和组织之间关系的演化过程，并以天津一汽夏利汽车股份有限公司为例，描述了其跟其他组织的关系，在 1999 年之前是以等级管理制度为主的等级关系，2000 年之后，鉴于跟丰田企业的合作，其跟其他组织的关系逐渐演变为以合作、平等对话为主的关系。张军元将创新网络理论引入汽车核心企业的研发创新过程，重点论述了供应商、高校及科研机构、政府、金融机构、其他核心竞争企业等外部创新主体在汽车核心企业创新中的重要作用，认为汽车核心企业与外部创新网络的强连接更有利于整车创新绩效提高，特别是与供应商、高校及科研机构的连接，但是，他仅从现象方面归纳了日本大型汽车企业的创新过程，并未从理论深度对此创新过程进行进一步分析。史自力运用比较分析法研究了美国、日本、欧洲各国、中国汽车产业的技术创新模式及政府在创新过程中的作用程度，他认为，美国汽车产业技术创新模式是以市场竞争为基础，政府在有限领域间接干预；日本产业技术创新模式是市场机制与政府的强烈干预相结合。

2.4.2 汽车核心企业内部创新网络及与外部创新网络的互动

汽车核心企业内部创新合作网络的重要作用最早被哈佛大学的 Clark、Chew 和 Fujimoto 总结和发现，他们认为在并发式研发模式前提下，内部创新主体之间的频繁交流合作、下游部门的早期参与对创新绩效的影响比较大。1992 年，麻省理工学院的 Cusumano 和 Nobeoka 在研究中也提及了汽车核心企业在整车研发创新过程中，内部研发部门、生产部门、销售部门之间的合作网络对创新绩效的影响，他们也探讨了汽车核心企业内外部创新网络的合作协同是至关重要的。张军元作为在广州本田汽车有限公司工作十多年的人员，对日本汽车核心企业的创新过程有实际的接触和了解，其利用创新网络理论研究了日本汽车核心企业创新过程中内外部创新网络的相互作用和协同过程，认为这是日本汽车核心企业能够成功的重要原因之一。

2.5 文献述评

2.5.1 核心企业创新网络的研究范畴

核心企业的产品创新不仅受限于外部创新网络，更受限于内部创新网络，其是内外创新网络共同作用下的创新过程。但是从综述中不难看出，关于企业创新网络的研究一般是针对核心企业外部创新网络，而较少将内部创新网络的行为活动纳入产品创新系统，这里的创新网络范畴较为狭义，没有从更为系统的角度界定产品创新过程中核心企业的创新网络。

2.5.2 核心企业创新网络模式、结构及适用对象

企业应用不同的创新网络模式会有不同的创新效果，因此，不同类型的企业应该根据自身特点和所处环境采用与之相匹配的创新网络模式。同时，

由概念可知，不同创新网络模式会导致不同的网络结构，关于网络结构对创新绩效影响的研究，结论不一。是强网络结构更适合于创新还是弱网络结构更适合于创新，还是二者相结合的网络更适合创新？在二者结合的网络结构中，谁的作用会更大一些？学者们根据不同行业领域样本得出了不同的研究结论，有学者指出这可能跟研究创新对象的复杂度和确定性程度相关，但是具体哪种创新网络结构更适合于特别的创新对象，尚未有统一结论。所以，针对特定的企业，研究适合其创新的网络模式和网络结构还是非常有意义的。

2.5.3　核心企业内外创新网络对创新绩效的影响机理及动态作用规律研究

从综述中可以发现，不乏外部创新网络对创新绩效的影响研究，研究视角多样，结果丰富，但是将内部创新网络纳入核心企业创新网络系统，研究内外创新网络共生协同作用下对创新绩效作用机理的文献还是较少，不够系统，特别是复杂产品核心企业内外创新网络对创新绩效的作用过程及影响机理，涉及更少。

同时可以看到，鲜有研究关注到企业内外创新网络的共生协同作用对企业创新的动态影响过程。许多研究忽略了在核心企业不同发展阶段，其内外创新网络的协同会扮演不同的角色，进而对创新绩效的作用机制可能就有所差异，核心企业根据自身所处阶段，可能会选择不同的创新资源利用战略。

此外，关于内外网络互动对创新绩效影响的研究主要采用基于实证的研究范式，人们较少利用 CAS 理论通过仿真平台研究核心企业内外共生协同创新网络对创新绩效的影响机制，而基于 CAS 理论的思想和方法研究创新网络的演化过程及其主体之间的作用机制是具有比较优势的，它能将网络之间、主体之间的动态作过程再现，并可挖掘出一般研究方法无法发现的规律。

2.5.4　创新网络理论在汽车核心企业创新过程中的应用及解释

汽车产品是高度复杂产品，其创新过程中的研发网络庞大而复杂。综述中许多文献仅仅关注供应商和核心企业所组成的网络在产品创新中的重要作用，较少利用创新网络相关理论，从内外网络组成的整体网络角度，研究汽车核心企业创新过程中应采用的创新网络模式和网络结构，以及其对创新绩效的影响机理。其中，关于整车创新中内外创新网络协同对创新绩效影响的研究更是屈指可数，并且相关研究大多是对现象的归纳，较少从理论高度对现象进行进一步解释。此外，后发型汽车企业能够利用内外创新网络资源是其成功的一个重要原因，还有一个重要原因是，相关核心企业能够把握企业成长不同阶段创新网络资源的利用战略，进而既能够以较快速度获得收益，支撑企业的生存和研发投资，又能进行基础知识和核心技术的快速积累，形成良性循环。然而，关于第二个原因，目前的研究较少涉及。

鉴于此，笔者将网络结构理论、创新协同理论、CAS 理论等运用到汽车核心企业的研究中，对汽车核心企业这个大型企业的创新网络模式、创新网络对创新绩效的影响机理及企业发展不同阶段创新网络对创新绩效的作用规律进行进一步理论解释和探讨，提高研究层次和理论高度，使结论更具有科学性和普适性。同时，笔者通过研究具体汽车核心企业创新网络模式及结构、其对创新绩效影响机理和动态作用规律，对目前创新网络相关理论进行进一步的证实和拓展。

第3章　汽车核心企业创新网络模式研究

汽车核心企业研发创新过程中比较典型的网络模式有哪些？其在汽车产品创新中的作用如何体现？哪种模式更有利于创新绩效的提高？首先，本章将根据汽车核心企业创新网络的概念，以美国汽车核心企业（通用、福特、克莱斯勒）和日本汽车核心企业（丰田、本田、马自达等）为例，通过比较分析美国和日本大型汽车核心企业创新过程中外部网络和内部网络中各主体的地位及参与合作情况，归纳出汽车核心企业创新过程中的两种典型网络组织模式和响应结构，并通过比较分析两种网络模式下的创新绩效，总结出有利于提高创新绩效的网络模式和响应结构；其次，为了进一步明确有利于提高整车创新绩效的创新网络模式和响应结构，本章将依据复杂网络理论和汽车核心企业的实际创新过程，构建创新网络模式作用于创新绩效的仿真模型，通过计算机仿真获取有利于提高整车创新绩效的网络模式和响应结构，同时获取有利于提高整车创新绩效的复杂网络结构特征；最后，从知识观视角对研究结论进行理论解释，并同一些管理学界知名期刊学者的研究结论相比较，从理论上对本书的研究结论进行验证。

3.1　汽车核心企业创新网络模式分析——以美国和日本汽车核心企业为例

3.1.1　选取美国、日本汽车核心企业为案例的原因及数据获取说明

1. 为什么选取美国、日本两国汽车核心企业

20世纪70年代及以前美国汽车企业在全球一直具有较高的垄断地位，但是在20世纪80年代却被发力仅仅只有30多年的日本汽车企业超越①，在此

① 二战后日本汽车行业为何能赶超美国［EB/OL］.（2019－04－08）［2021－07－14］. https://baijiahao.baidu.com/s?id=1630248045984701727.（引用时有微调）

后的发展中，日本汽车企业成为美国三大汽车企业的强力竞争对手。据统计，在20世纪的最后25年里，日本汽车企业就确立了世界性地位，日本车甚至占据世界汽车产业30%的市场份额①。这种现象引起了汽车企业、媒体及学术研究机构的强烈关注，以哈佛大学和麻省理工等为代表的高校和研究机构通过大量调研，对该现象背后的原因进行深层剖析。此后，美国汽车企业不断向日本汽车企业学习，但是在21世纪初的金融危机中，美国汽车行业三巨头出现了濒临破产的趋势，特别是通用跟克莱斯勒申请破产保护，而日本汽车企业却逆势发展。这种现象又一次引起了媒体及学术界的极大关注，相关人员剖析这背后的深层原因。由此可见，美国汽车产业虽然经历100多年的发展，拥有扎实的技术积累，但是逐渐衰落，而日本汽车产业却在短时间内实现了从落后到超越美国汽车产业，并且总体发展越来越昌盛。关于其背后原因，虽然专家学者观点各异，但是一致认为美国和日本汽车核心企业不同的创新网络组织模式是一个非常重要的原因。所以，本章将以美国和日本汽车核心企业为例，分析汽车核心企业研发创新过程中比较典型的创新网络模式及响应结构。

2. 案例分析数据的获取

美国、日本大型汽车核心企业第一手数据难以获取，但由于美国、日本汽车核心企业具有典型性，较多媒体、专家学者对此给予了关注，因此相比较而言相关第二手资料和数据较为丰富且易得，所以本研究通过各种途径（专业网站、著作、访谈、国内外文献、国外学者的专题讲座）大量收集关于美国、日本汽车核心企业创新过程的第二手资料，利用整理后的第二手资料分析、归纳、总结美国、日本大型汽车核心企业创新过程中创新网络的组织模式及响应结构。

3.1.2 美国、日本汽车核心企业创新过程中外部创新网络比较分析

1. 高校及科研机构

高校及科研机构拥有丰富的专业技术创新人才和专业服务能力，为企业

---

① 汽车大国崛起之日本汽车工业为何强盛？[EB/OL].（2011－09－09）[2021－07－14]. https：//auto. gasgoo. com/News/2011/09/090933193319592ALL. shtml.（引用时有微调）

产品创新提供基础研究和理论研究。事实证明，企业出资，高校及科研机构提供人才，更容易出创新成果，这些人才在企业的创新中发挥着重要作用。美国大型汽车核心企业在发展中也充分意识到了高校及科研机构的重要作用。特别是在竞争中形成三足鼎立之势的大型汽车核心企业：通用、福特和克莱斯勒，它们重视在企业内部设立研究机构进行研究和开发的同时，还特别重视与各高校及其他专门科研机构进行密切合作。它们在高校建立科研点，针对汽车开发的需要提出研究课题，这些科研点为汽车开发提供最新研究成果，并与企业内部研究机构共同进行研究开发。例如，史自力指出，在21世纪初，美国高校已经为汽车企业创建了350个科研中心，逐渐成为美国汽车产业高新技术集聚地。但是核心企业跟科研机构的联盟形式是独立分工，明确任务，彼此交流互动频率较低。可以说，在美国大型汽车核心企业的研发创新中，高校及科研机构也参与其中，发挥着重要的作用，但是其合作形式是独立分工，互动和交流较少。

日本大型汽车核心企业作为后发型企业，面临的竞争环境更为复杂和激烈，在发展之初更重视跟国内外高校和研究机构的合作创新，与它们的联系非常密切，把它们作为企业外部创新技术资源获取的重要渠道之一。以丰田为例，在处于初步对引进技术进行简单模仿时，丰田就聘请知名的高校教授和研究机构工程师参与创新，在后来的成长过程中，每当涉足不太熟悉的领域，丰田就会向高校及专业科研机构进行请教，与其进行合作研究。丰田逐渐与国内外著名高校及科研机构（如哈佛大学、麻省理工学院、伦敦大学等）建立起了良好的合作关系，频繁互派科研人员进行交流、培训和学习，并通过在这些国外高校里建立专业实验室来获取相关学术机构的科研技术以及较权威的实验结果。此外，丰田在国外设立了一些研究机构，利用这些研究机构收集国外市场的先进技术和消费者的消费需求，这些机构在整车创新中跟各个创新主体之间的联系频度较低，但其是前沿信息的重要提供者。曼斯菲尔德认为，日本在这方面的优势发挥要强于美国①。因此，在日本大型汽车核心企业的创新过程中，高校及科研机构的参与度是非常高的，它们在创新中扮演着基础技术和前沿技术提供者的角色。但其中一些高校和研究机构并没

① 傅家骥，仝允桓，高建，等．技术创新学［M］．北京：清华大学出版社，1998.

有直接参与整车创新，仅仅是核心企业获取信息和技术的渠道，其与核心企业的关系是简单的交易关系和合作关系。所以日本汽车企业对高校和科研机构的整合利用相对于美国汽车企业来讲是比较到位的。汽车企业根据不同的对象可以采用不同的合作方式。

2. 供应商

垂直创新网络，特别是供应商网络对企业创新绩效的作用是极为重要的，这在国内外大量实证研究中已被证明，相关学者形成了较为统一的观点。然而，美国大型汽车核心企业在历史发展中却未能充分利用这一创新资源，这是其在20世纪80年代落后于日本汽车企业的根本原因之一，亦是21世纪初金融危机中三大汽车核心企业濒临破产的重要原因之一。根据资料分析，美国大型汽车核心企业在研发创新中，虽有供应商的参与（早期参与较少），但是核心企业总以大企业、核心地位自居，相关合作以法律和法规为主导，核心企业以冷漠和竞争的方式处理跟供应商的合作关系，给予供应商的是承包、设计、责任和义务，但是较少授予供应商权力，不会广泛地教授供应商应用产品研发系统，较少给供应商提供资金、技术及设备方面的支持和帮助，也不会实时给供应商传递企业发展的战略方向，沟通交流较少，更不愿对供应商作出长期合作的承诺。这种“独裁”创新可从表3－1中看出，在美国汽车核心企业整车创新中对零部件的控制情况这一部分，整车制造中，供应商专有零部件和黑箱零部件（供应商负责从概念产生到生产的全部过程）仅仅占到19%，而详细控制零部件（核心企业负责工艺设计和工程任务，供应商仅负责生产）占到81%。这充分说明了美国汽车核心企业整车创新中，供应商的参与程度和参与规模都不够。在这样的环境中，供应商与核心企业不会形成牢固的、紧密的合作关系，而会形成一种竞争的合作关系，供应商在核心企业创新中发挥的作用就具有较大的局限性，主要表现在以下几个方面。第一，供应商未能得到核心企业的技术、资金支持和帮助，其研发、生产和技术能力提高速度较慢，产品成本较高，继而难以给核心企业贡献技术较高、成本较低的创新零部件，致使核心企业的成本难以下降。第二，由于核心企业在创新中未能给供应商创造知识、信息共享的环境，二者沟通、交流障碍较大，继而相互合作默契度较低，信息失真概率较大，供应商的零部件技术、质量提高空间较小，研发周期加长，最终影响核心企业的产品创新水平和质量，以及研发周期。第三，由于核心企业仅要求供应商履行责任和义务，未授予权力，供应商以消极的态度参与产品创新，不免会影响整车创新的质量。第四，由于核心企业未能跟供应商形成命运共同体，缺乏信任，二者是竞争关系，供应商一般不愿将自己的新技术提供给核心企业，进而影响了核心企业的创新水平。总之，从图 3－1 中可以看出，在美国大型汽车核心企业的创新过程中，供应商也有参与，但是其参与程度较低，在创新中的地位也不高，供应商与核心企业的关系比较僵化。世界著名丰田模式专家杰弗瑞·莱克在 2009 年盖世汽车网关于丰田与供应商关系专题访谈中提出：美国大部分汽车企业跟供应商是非赢即输的竞争关系，供应商参与产品开发较少，虽然近些年来有所改善，但是在产品开发中的合作程度、持续改进方面同日本还有很大的差距①。

表 3－1　美国和日本汽车核心企业整车创新中零部件的分布比例

	日本汽车核心企业	美国汽车核心企业
供应商专有零部件	8%	3%
黑箱零部件	62%	16%
详细控制零部件	30%	81%

日本汽车核心企业在处理与供应商的关系上，采用了完全相反的策略，在成立之初就充分利用供应商的资金优势（日本汽车企业优秀供应商承担了核心企业 85% 的成本）、技术优势（日本汽车供应商为核心企业所做的工作量是美国供应商的 4 倍），通过一系列方法激励和培育自己的配套供应商，与其形成牢固、紧密的合作关系，成为命运共同体，进而为产品研发时间缩短（20 世纪 90 年代，日本汽车核心企业整车研发时间为欧美的 1/3）、产品质量过硬做出了巨大贡献。日本汽车核心企业在处理与供应商关系时的做法主要有以下几点。首先，日本汽车核心企业采取了开放的创新网络共享机制，同供应商交流频繁，沟通顺畅，并在资金、技术等方面给以支持，帮助供应商发展壮大。例如，丰田为了促进知识、信息在创新网络中有效传播，建立了

① 范淑雨．丰田与稳固的供应商合力降成本［EB/OL］．（2009－11－02）［2021－07－14］．https：//auto. gasgoo. com/News/2009/11/020930443044125524145. shtml．（引用时有微调）

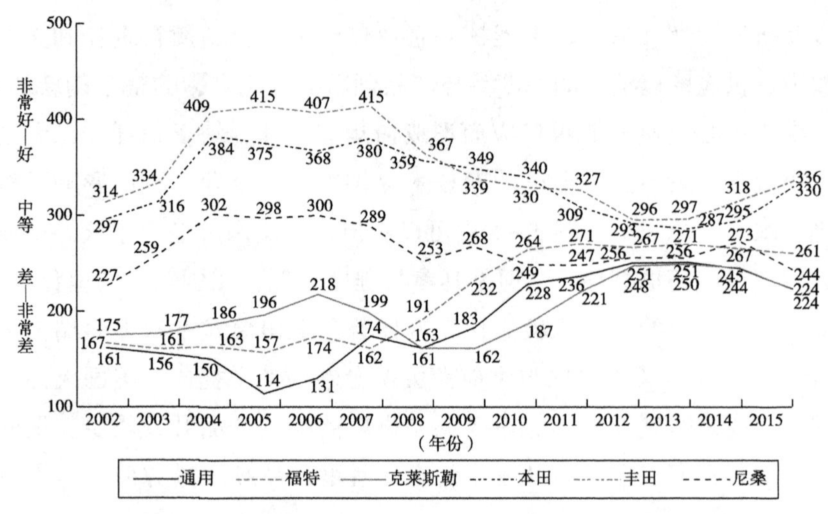

图3－1　美国和日本汽车核心企业与供应商的关系指数

供应商体系、咨询服务机构、自主学习机制等，促进核心企业和供应商及供应商之间的知识、信息传播，帮助供应商解决关键技术问题，必要时提供资金支持，使供应商的研发、生产能力不断提高，进而间接降低了核心企业的产品生产成本，提高了产品的技术含量和质量。其次，日本汽车核心企业对供应商充分信任，下放权力，让供应商早日参与整车研发，并承担一些零部件的研发和设计工作。例如，在尼桑整车零部件中，有80%的零件是由供应商设计的，进而为整车企业承担了成本和设计任务，节省了研发时间。最后，日本汽车核心企业跟供应商之间以非正式沟通交流为主，其频率要比美国汽车核心企业高出很多，例如，与一级供应商的大大小小会议每天都会有，这让供应商充分了解核心企业的产品战略，双方在此基础上共同探讨技术研究或者零部件开发等实际问题，进而极大地促进了新车型的开发。日本汽车核心企业创造的这种创新环境，极大地鼓舞了供应商，为其在整车创新中作用的发挥提供了更大的空间。供应商也更积极主动地研发新技术，愿意把属于自己的新技术提供给日本汽车核心企业。因此，可以说日本汽车核心企业跟供应商之间是稳健的、紧密的、互相信任的合作伙伴关系，供应商在整车创新中的参与度非常高，有着特别重要的作用。

3. 销售商

销售商是核心企业垂直创新网络中一个重要组成部分，其在核心企业创新中也发挥着不可忽视的作用。上文已提到，美国汽车行业三巨头是以核心企业、大企业自居的企业，独裁专制，这些特征同样体现在了它们跟销售商的合作上，其研发创新跟一线销售出现脱节，其跟销售商以正式交流为主，信息流动障碍较大，一线市场信息也未能及时反馈给上游研发部门，并且在企业的整车创新中，销售商较少有机会参与其中，发挥的作用极其有限。

相反，日本汽车核心企业在研发创新中，极其重视市场需求的重要作用，对一线工作的销售商的利用较为到位，跟销售商的关系也比较密切，交流频繁，并让其参与整车创新的早期阶段，这也是日本创新网络的一大特色。销售商是市场一线工作者，了解消费者的真正需求，掌握的信息对研发部门非常重要。据统计，日本汽车企业创新的动力多数来自市场用户，约占调查企业的47%。以丰田为例，为了构建反馈及时的销售网络，其不但通过内部轮岗制，要求研发工程师和技术人员、工艺工程师和制造工程师到销售一线工作，还为他们定期举办交流会，使他们形成良好的个人关系。如此一来，研发人员能够及时掌握第一手市场信息，进而在创新早期就设计出符合消费需求的产品。因此，在日本汽车核心企业的整车创新中，销售商也被充分重视，并在整车创新中发挥着重要作用。

4. 其他核心企业

其他核心企业作为横向创新网络的一部分，既是核心企业的竞争对手，有时也是核心企业在专业领域的合作伙伴。美国汽车行业三巨头在其历史发展中同本国核心企业及国际核心企业都有专业领域的合作。例如，三巨头在同本国企业合作中比较著名的是20世纪90年代陆续成立了13个合作组织，三巨头共同承担人员、资金及其他资源的供给，成果三家共享。后来在政府的组织下，1993年多家企业成立了“新一代汽车合作组”，三巨头都有参与其中进行合作。在同国外企业的合作中，三巨头主要同日本、欧洲的核心企业有不少合作。但是，由于美国汽车企业的大企业病、官僚作风以及一贯以正式法律、法规为背景进行合作的方式，其在合作中跟合作伙伴非正式交流、沟通较少，关系一般，甚至出现过摩擦。正如王冀在研究中指出的那样，通用汽车较少考虑合作伙伴的感受，因此受到惩罚，他列举了通用汽车与丰田合作的摩擦过程。由此可见，在美国汽车核心企业创新过程中，其他核心企业也有一定参与，但由于双方关系强度不高，其他核心企业参与对汽车核心企业创新绩效的贡献具有一定的局限性。

日本汽车核心企业作为后发型企业，更不乏同其他核心企业在专业特定领域建立合作关系。以丰田为例，其在发展过程中，曾经同通用、大众、标致雪铁龙、戴姆勒-奔驰、三菱、大发、本田、福特、日野、富士重工等国内外核心企业在专业特定领域进行联合研发（见表3-2）。并且在合作中日本

表3-2 丰田的战略联盟体系

	集团或公司	战略联盟形式
丰田横向联盟	通用	丰田与通用合资建轿车生产厂（NUMMI），合作开发和生产1.6L汽车，双方股比各50%
	大众	丰田在日本销售大众和奥迪汽车
	福特	合作研究开发速度控制系统：一方面，福特学习丰田的汽油电力混合车辆的开发技术；另一方面，丰田希望从福特财务服务的经验中受益
	标致雪铁龙	2001年共建合资公司，双方股比各50%，联手开发小轿车
	雷诺	丰田与雷诺在哥伦比亚共同生产雷诺轿车和丰田货车，丰田占股份17.5%，雷诺占股份23.7%，其余股份由当地的组织持有
	戴姆勒-奔驰	签订合作研究开发协议，在保证产品质量的前提下，降低双方研究和规模生产成本
	Hamilton Standard	建立合资企业，1998年开发飞机发动机
	壳牌石油	合作研究雷克萨斯汽车标准的汽油供应
	德尔科	在研发汽车电磁感应加载系统方面进行合作
	三菱、日本汽油、Family Mart	共同研究高速公路收费的新型集成电路卡系统
	三菱	合资建厂，共同研发和制造电动汽车电池
	大发	丰田有大发50%以上的股份
	本田	丰田与本田、马自达、三菱及尼桑共同开发零部件订货计算机网络
	Kirloskar	丰田与Kirloskar集团共建合资厂，于1999年年底前投产
	日野	合作开发越野汽车，丰田有日野20.1%的股份
	富士重工	2005年丰田以6800万日元购得富士重工8.7%的股份

核心企业主动同合作伙伴频繁沟通交流，共同解决问题。加之日本核心企业的外部知识技术资源获取意识强烈，在合作中，它们积极努力学习、吸收合作伙伴中自己缺失的知识和技术。因此，在日本核心企业同其他核心企业的合作中，它们的关系强度一般都在不断增强，研发效率和研发质量也会不断提高，同时，日本核心企业通过合作，获取外部资源，并嫁接应用到本企业的创新中，内部创新效率也在不断提高。日本汽车核心企业在创新过程中，同其他核心企业建立了良好的合作关系，积极利用了它们的创新优势和资源，其他核心企业在日本核心企业创新中的贡献也是不可忽视的。但由于它们之间存在竞争关系，在合作中，关系强度和合作程度是比较受限制的。

5. 金融机构及政府

作为辅助网络一部分的金融机构和政府虽然没有直接参与汽车核心企业的创新，但在核心企业的发展中发挥着重要的保障和调节作用。美国和日本汽车核心企业发展中都有着较好的金融资金支持和政府政策调节网络环境。在金融支持方面：美国是一个资本充足的国家，金融服务机构较为完善，因而在汽车企业创新过程中，核心企业较容易得到来自金融服务部门的巨额的研发创新资金支持；日本的主银行制度保障了汽车核心企业短期内创新资金的来源，银行同核心企业组成金融集团，持有核心企业股份，为核心企业经营提供稳定的资金支持，分担创新风险，核心企业能够比西方竞争对手更快地进行创新经营活动。在政府政策的保障和调节方面：美国政府支持的美国汽车研究委员会（The United States Council for Automotive Research ，USCAR）以及新一代汽车合作伙伴计划（The Partnership for a New Generation of Vehicles，PNGV）等，充分体现了政府在资金引导和服务中介方面为核心企业创新做出的贡献；与美国相似，日本政府在中介协调等方面也充分发挥了功能，为核心企业依靠创新快速发展创造了良好的环境。

3.1.3　美国、日本汽车核心企业创新过程中内部创新网络比较分析

内部创新网络在企业创新中发挥着根本性的作用。而由于美国汽车核心企业的官僚制度和文化，以及管理者的强势，其在以产品预研、造型、设

计、试制和生产为主线的整车产品创新中，实行的是系列产品开发队伍管理制度，具有“个人主义”倾向，各个流程部门和职能部门都由专门的工程及职能经理负责，严格按照流水线进行科学管理。依照产品流程，上游人员完成任务就移交给下游人员，呈接力棒式，但在产品创新中，上游部门进行创新较少让下游部门介入，也很少采纳下游部门的意见；下游部门进行创新，上游部门也不会跟进以发现问题、及时纠正、共同解决。各个流程部门上下游之间交流以正式会议为主，各个职能部门之间也是如此，基本是各司其职，非正式联系较少，信息流通障碍较大。因此，内部各创新主体之间的关系从横向到纵向都以正式关系为主，交流障碍较大，关系强度较弱。

日本汽车核心企业在以产品预研、造型、设计、试制和生产为主线的整车产品创新中，实行的是首席工程师管理制度，具有“集体主义”倾向，虽然各个流程都由具体的工程经理负责，但是各个部门都在首席工程师的协调管理之下完成创新。首席工程师拥有调配创新资源的权力，会现场跟进创新的每个流程，任何一个环节出现问题，都会及时调配创新资源尽快解决问题，进而在整车产品创新中，使各个流程环环相扣、紧密相连，促使集团系统内各职能部门与各阶段高度一体化融合，各个创新主体联系密切，交流频繁且畅通无阻。具体表现为上游部门进行创新，下游部门会早期介入、早期参与。这样做一是为了在创新的早期阶段就尽可能把下游可能出现的问题和矛盾消灭掉；二是由于下游部门对市场一线的需求更为了解，通过早期介入，可以使产品创新更为贴近市场需求，这也是日本注重“现场主义”的原因所在；三是下游部门早期不断接触上游的创新，会提前为创新进行知识积累，进而节省研发时间。同时，在下游部门进行创新时，上游部门工程师也会不断进行现场跟进，以便在下游创新中出现跟上游部门有关的问题时，能够及时沟通、共同解决问题。此外，在首席工程师的领导下，其他各个职能部门和关键零部件部门也紧密地参与创新，在不断进行正式交流的基础上，各个创新主体之间的非正式交流也较为频繁，各个创新主体之间都较为熟悉彼此的创新领域，关系强度较高，交流顺畅，较为默契。

3.1.4　美国、日本汽车核心企业创新绩效比较分析

通过上述分析可以看出，美国和日本汽车核心企业的各创新主体在整车创新中的参与程度以及角色定位差别较大。美国、日本汽车核心企业创新网络具有不同的网络组织模式，那么在不同的网络组织模式下，它们的创新绩效会如何呈现，下面对此进行比较分析。

创新绩效的衡量指标较多，但是不同创新对象的绩效衡量指标有所差异，本书的研究对象是整车创新，由于其高科技性和复杂性，创新需较长的周期才能完成。市场是创新的根本动力，提早上市可以获取市场份额和超额利润。因此，研发周期是绩效衡量指标中不可缺少的。下面将从整车创新的研发周期、整车的创新产出数量及创新程度、整车销售数量比较分析美国和日本汽车核心企业的创新绩效。

首先是整车创新的研发周期。表 3 – 3 比较了 20 世纪 80 年代美国、日本汽车核心企业整车产品创新的平均研发周期及各流程研发所需时间，从表中可以看出，美国汽车核心企业的平均研发周期为 59 个月，日本汽车核心企业的平均研发周期为 40 个月，约为美国汽车核心企业创新周期的 2/3。其次是整车的创新产出数量及创新程度。如表 3 – 4 所示，美国汽车核心企业在 20 世纪 80 年代作为领头羊，其创新产出为 31 种整车新产品，产品更新率为 60%，而在此期间，日本汽车核心企业作为后来者，其创新产出为 94 种整车新产品，是美国的 3 倍多，产品更新率为 135%，是美国的 2.25 倍。最后是整车的销售数量。如表 3 – 5 所示，日本汽车核心企业的整车销售数量在 1960 年约为美国的 6%，但经过 20 年的快速发展，在 1980 年其销售数量超过美国，是美国销售数量的 1.375 倍，1987 年是美国销售数量的 1.119 倍。

表 3 – 3　20 世纪 80 年代美国、日本汽车核心企业整车产品创新的平均研发周期及各流程研发所需时间

单位：月

	平均研发周期	概念形成阶段	产品计划	高级工程	产品工程	过程工程	产品试产
美国	59	11	18	26	18	25	6
日本	40	9	9	15	14	22	4

表3-4　20世纪80年代美国、日本汽车核心企业整车创新产出情况

	产出创新产品（种）	每个企业的平均新产品（种）	产品更新率（%）
美国	31	10	60
日本	94	10	135

表3-5　美国、日本汽车核心企业整车销售情况　单位：百万辆

	1960年	1970年	1980年	1987年
美国	7.9	8.3	8.0	10.9
日本	0.5	5.3	11.0	12.2

从上述的比较分析可以看出，日本汽车核心企业在基础较为薄弱的劣势下，其创新绩效要好于美国汽车核心企业。

3.1.5　美国、日本汽车核心企业创新网络模式分析

依据美国、日本汽车核心企业在整车产品创新过程中外部网络、内部网络各创新主体的参与情况分析，本书归纳了其各自的创新网络模式，并总结分析了不同创新网络模式主导下，响应的创新网络结构和创新绩效（见表3-6、图3-2、图3-3），最后总结出有利于提高整车创新绩效的创新网络模式和响应结构，具体分析如下。

1. 美国汽车核心企业创新网络模式

从表3-6和图3-2中可以看出，美国汽车核心企业在产品创新过程中，除了辅助网络支持，高校及科研机构、其他核心企业等创新主体也积极参与其中，但参与度比较低，供应商和零售商在创新过程中的参与很少，同核心企业的关系比较僵化。总之，美国大型汽车核心企业的创新过程机械、创新机制僵化、创新氛围较差，核心企业作为核心节点对资金、技术、信息等资源过度控制，大部分的创新任务依靠企业内部完成，外部参与创新的主体较少，且核心企业与外部创新主体多以竞争关系为主，信任度较低，关系强度较弱。同时在核心企业的控制下，外部各创新主体之间建立联系进行信息、知识共享的概率较低，大多以独立创新为主。在内部创新中，各个创新主体也是接力棒式创新，独立性较强，沟通交流平台较少，信息流动障碍较大，关系强度较低。因此，我们将此种网络的组织模式总结为链式独立型创新模式。

表3－6　美国、日本大型汽车核心企业创新网络模式及响应结构

	创新过程中创新网络基本情况		创新网络模式	响应的网络结构		创新绩效
	外部创新网络	内部创新网络		结构角度	关系角度	
美国大型汽车核心企业	高校及科研机构积极参与创新，发挥着提供基础技术的作用；作为网络主体的供应商、销售商及其他核心企业在创新中的参与较为被动和消极，前期参与度不是很高，知识、信息共享困难，没有被充分利用；作为辅助网络部分的政府和金融机构为企业创新做了较好的服务保障	内部创新网络中上下游部门之间、各关键组件之间呈现接力棒式的创新，主体之间连接简单，基本各司其职，沟通、交流、共同解决问题的机会有限，信息流通的障碍较大	链式独立型	松散链式星形网络结构	交流频数少，信任度、互惠性较低	整车研发周期较长，创新产出相对较少，销售量增长缓慢
日本大型汽车核心企业	核心企业非常重视高校及科研机构的基础技术指导及人才培育作用，与国内外诸多知名高校联系密切，交往频繁；作为网络主体的供应商、零售商被充分积极利用，较早参与创新中，并及时进行知识、信息共享，关系密切；作为辅助网络部分的政府及金融机构也积极地为企业创新提供服务保障	内部创新网络中，上下游部门及各关键组件部门之间呈现的是双向网络式创新，主体之间连接复杂，积极进行知识、信息共享，及时共同解决问题，信息流通情况好	网式整合型	开放网式中心外围型双网络结构	关键节点交流频数较多，信任度、互惠性较高；边缘节点交流频次较低，关系较弱	整车研发周期较短，创新产出较多，销售量增长较快

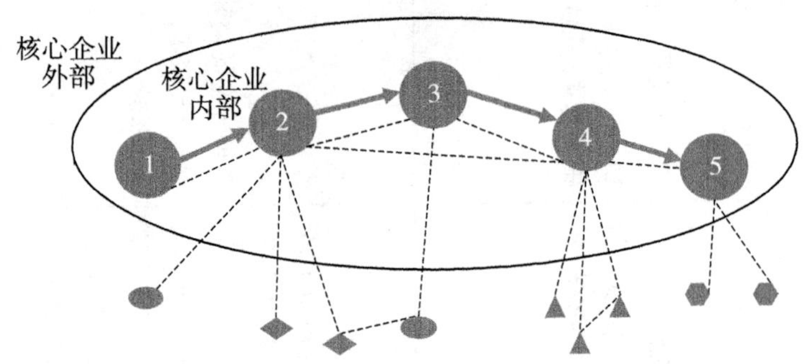

1，2，3，4，5表示整车研发中各研发流程次序

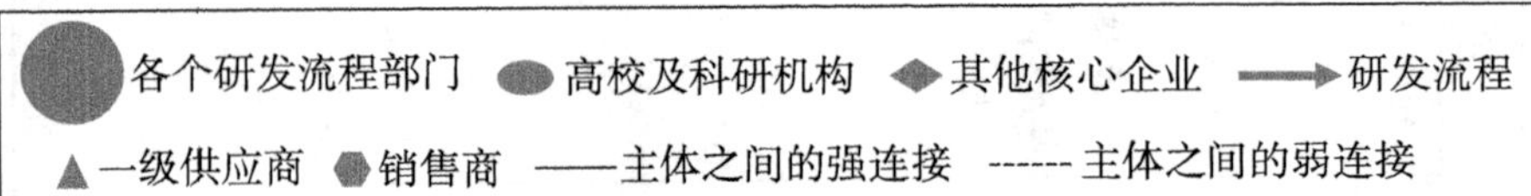

图 3 -2　松散链式星形网络结构

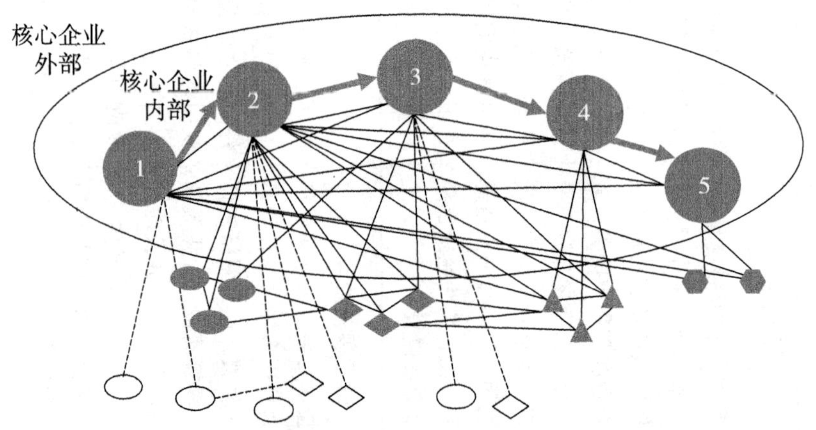

1，2，3，4，5表示整车研发中各研发流程次序

实心表示整车创新中的关键节点，空心表示整车创新中的边缘节点

图 3 -3　开放网式中心外围型双网络结构

注：图例同图 3 -2。

在此创新网络模式下，主体之间依靠创新任务安排建立连接关系，网络规模较小，核心节点之间的连接较少，与核心节点连接的外围节点之间连接较少，网络较为松散，结构洞①较多（见图3－2）。依据潘松挺和蔡宁对关系强度的测度标准，该网络结构中各节点之间的信任度、互惠性及交流频度都较低。因而将该网络模式响应的网络结构称为松散链式星形网络结构。

从表3－6中也可以看出，在美国汽车核心企业的链式独立型网络模式和松散链式星形网络结构下，其整车的创新绩效相对较差，即研发周期较长，创新产出较少，销售增长缓慢。因此，笔者认为，在整车创新中，链式独立型的网络模式不利于创新绩效的提高。

2. 日本汽车核心企业创新网络模式

从表3－6和图3－3中可以看出，同美国汽车核心企业相比，日本汽车核心企业在整车产品创新中，除了辅助网络支持，其他创新主体也都积极参与创新，充分发挥了创新主体应有的作用，贡献度都较高，特别是供应商。总之，日本大型汽车核心企业创新过程一体化、创新机制灵活、创新氛围良好，核心企业物尽其用，对外部创新资源的利用较为充分，将较多的外部创新主体纳入自己的创新体系，并同外部创新主体建立了良好的合作伙伴关系，主动创造各种机会同外部创新主体频繁交流合作，关系强度较高。同时在核心企业的主导下，外部网络主体之间也逐渐建立起了联系，通过频繁交流，互惠性增强，信任度提高，关系强度日益增加。此外，核心企业在同这些外部创新主体建立高强度关系并组成高密度网络的同时，唯才是用，同一些边缘主体建立了弱联系，如一些高校、科研机构及其他核心企业，其目的主要是收集和学习关于创新比较前沿的信息和知识。虽然外部创新网络对企业的创新起到了非常关键的作用，但是企业的内部网络仍是核心。在首席工程师的协调之下，各流程部门和职能部门高度融合，充分发挥每个创新主体的智慧，使交流沟通更紧密，它们之间也建立起信任度高、关系强度高、合作默契度高的内部创新网络。因此，将此种网络组织模式总结为网式整合型创新。

① “结构洞”最早出现在伯特的《结构洞：竞争的社会结构》一书中，指社会网络中某个或某些个体和有些个体发生直接联系，但与其他个体不发生直接联系，即无直接关系或关系间断，从网络整体看好像网络结构中出现了洞穴。

从以上描述中可以看出，在此种网络模式下，网络参与主体多，创新的内部核心节点（指企业内部各流程部门）之间联系紧密，内部核心节点同外部外围节点（指参与核心企业创新的外部主体）之间联系也较为紧密，因而称为中心外围型网络结构；同时，在创新中，关键节点（指整车创新中起关键作用的节点）之间的连接较多，网络结构紧密，结构洞较少，边缘节点（指整车创新中起次要作用的节点）之间的连接较为稀疏（见图3－3），结构洞较多，因而称为双网络结构。依据潘松挺和蔡宁对关系强度的测度标准，该网络结构中关键节点之间的信任度、互惠性及交流频度都较高，关系强度高，各边缘节点同关键节点及边缘节点之间的交流频次相对较低，关系较弱，进一步体现了双网络的特征。因此，该网络模式响应的网络结构被称为开放网式中心外围型双网络结构。

从表3－6中也可以看出，在日本汽车核心企业的网式整合型网络模式和开放网式中心外围型双网络结构下，其整车的创新绩效相对较好，即研发周期缩短，创新产出较多，销售量增长较快。所以，在整车创新中，相对于链式独立型网络模式，网式整合型的网络模式更有利于创新绩效的提高。

此外，通过比较两种网络模式下的网络结构发现，美国整车创新中的松散链式星形网络结构为弱网络结构，该结构不利于创新绩效的提高；而日本整车创新中的开放网式中心外围型双网络结构为强弱相结合的双网络结构，该结构有利于创新绩效的提高。这进一步说明了在复杂产品创新中，强关系网络结构在整体网络中的重要地位，其是创新绩效提高的前提，没有强关系网络结构的弱网络结构将不能很好地发挥作用。

3.2 汽车核心企业创新网络模式作用于创新绩效的仿真分析

通过以上分析，笔者归纳出汽车核心企业研发创新的两种网络模式及响应的网络结构，总结出有利于提高整车创新绩效的网络模式和响应结构，推导出强网络结构在创新中的重要作用。但由于案例分析难免以偏概全，为进一步明确这两种创新模式对创新绩效的影响过程，探讨出有利于提高创新绩效的创新网络模式和响应结构，下面将通过文献梳理简要分析汽车核心企业创新网络模式作用于创新绩效的过程，依据此过程，利用复杂网络理论，构建汽车核心企业创新网络模式作用于创新绩效的仿真模型，通过计算机仿真获取有利于汽车核心企业创新绩效提高的网络组织模式及结构特征。

3.2.1　创新网络模式作用于创新绩效的过程分析

企业创新中不同的网络模式将会影响网络结构的演变构造。Guimera 等在研究中指出，创新团队内部不同合作机制决定着团队的网络结构和最终的创新绩效。陈亮等研究并仿真了企业中不同的组织沟通模式对企业员工关系网络结构的影响，发现组织鼓励员工团队内部和跨团队沟通的努力程度显著地影响着员工关系网络结构，而这些结构又与企业、个人的绩效密切相关。同理，笔者认为汽车核心企业创新网络组织模式代表了企业鼓励各创新主体之间进行信息、知识共享的努力程度，由于网络模式差异，汽车核心企业形成了不同的创新网络演变结构。具体影响过程分析如下：在链式独立型网络模式主导下，由于汽车核心企业的文化和制度比较僵硬，没有体现出对创新主体合作创新的鼓励，同时在创新过程中也没有为创新主体提供良好的沟通合作平台，甚至其创新机制阻碍了创新单元间的信息传递，使各创新主体在整车创新过程中都趋向于接力棒式创新，独立完成创新任务，然后交给下一流程，跟其他创新主体的正式交流和非正式交流都较少，因而在该模式下的网络结构为网络松散、创新主体之间关系强度较弱的弱网络结构；而在网式整合型网络模式主导下，企业在整车创新中以资源整合和共享为目的，首先通过企业文化和制度鼓励创新主体在创新中进行沟通交流，其次在创新的每个阶段都尽可能创造各种平台和机会，鼓励创新主体之间通过正式和非正式沟通共享信息和知识，使创新的各个阶段无缝连接，进而该模式下的创新网络呈现出十分发达、网络密度较高、创新主体之间的关系强度也较高的强网络结构。

关于创新网络结构对创新绩效的研究较多，这在文献综述里已有体现，本书采纳了学者研究的主流思想，即创新网络结构对创新绩效的影响过程为创新网络结构通过影响知识的整合和创新最终影响到产品的创新绩效。该思想同样适用于汽车核心企业创新网络结构对创新绩效的研究（见图3－4）。

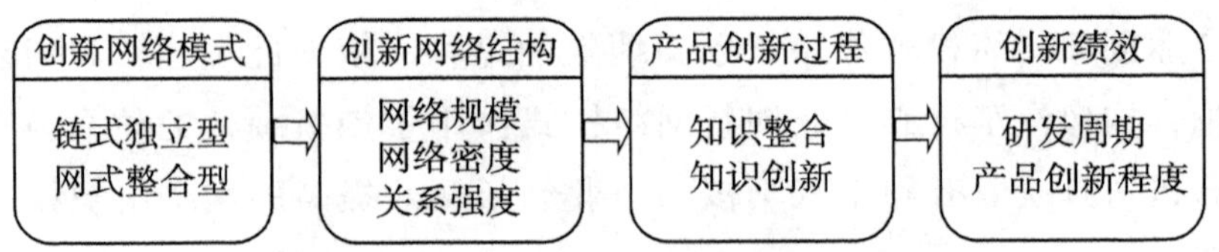

图 3－4　汽车核心企业创新网络模式作用于创新绩效的过程

3.2.2　汽车核心企业创新网络模式作用于创新绩效的仿真模型构建

依据上述汽车核心企业创新网络模式对创新绩效的影响过程分析，本书构建了不同创新网络模式下，汽车核心企业创新网络作用于创新绩效的仿真模型，通过计算机模拟，得出比较有利于提高创新绩效的网络结构特性。

1. *产品创新过程设计*

汽车核心企业创新网络的概念中已提到，在整车产品创新过程中，需要流程部门、关键组件部门及核心企业外部合作主体的参与。这里将整车研发的流程步骤个数设为 s，每个研发流程步骤都会有一个流程部门作为这个研发步骤的核心负责部门，在核心负责部门的领导下，都会有一定数量的子部门和企业外部主体参与创新。在每一辆整车产品创新中，核心负责部门都必须完成一定数量的知识创新，核心负责部门会根据子部门和外部参与主体的创新优势将创新任务按一定比例进行分配，只有当各个子部门和外部参与主体完成自己所分配的知识创新量，核心负责部门的创新任务才会完成。流程部门的创新模式是接力棒式的，本书在创新过程设计中体现了这一点，每个核心负责部门在完成自己的创新任务后，就会将创新成果移交给下一个核心负责部门，下一个核心负责部门会在前一个核心负责部门创新的基础上继续完成下一步的知识创新量，以此类推，直到整车创新完成。每一款整车创新完成之后，流程系统将进行下款整车的创新。

根据上述描述，构建整车创新中各主体知识量的表达式：

$$\begin{cases} A = A_1 + A_2 + \cdots + A_s \\ A_1 = a_{11} + a_{12} + \cdots + a_{1n_1} \\ A_2 = a_{21} + a_{22} + \cdots + a_{2n_2} \\ \vdots \\ A_s = a_{s1} + a_{s2} + \cdots + a_{sn_s} \end{cases} \tag{3-1}$$

$$\begin{cases} A' = A'_1 + A'_2 + \cdots + A'_s \\ A'_1 = a'_{11} + a'_{12} + \cdots + a'_{1n_1} \\ A'_2 = a'_{21} + a'_{22} + \cdots + a'_{2n_2} \\ \vdots \\ A'_s = a'_{s1} + a'_{s2} + \cdots + a'_{sn_s} \end{cases} \tag{3-2}$$

在式（3－1）中，A 表示汽车核心企业的知识总量；A_i 表示每个流程部门及其子部门和外部参与主体拥有的知识总量，$1 \leqslant i \leqslant s$；$a_{ij}$表示创新网络中单个主体拥有的知识总量，$i$ 表示创新主体所属的流程部门，j 表示在流程部门内的创新主体（包括企业内部创新主体和外部参与主体），这里用 a_{i1} 表示每个流程部门的核心负责部门，$1 \leqslant i \leqslant s$，$1 \leqslant j \leqslant n_i$，$n_i$ 表示流程部门 i 拥有的创新主体数量，规定 $n_1 + n_2 + \cdots + n_s = N$，$N$ 表示核心企业创新过程中参与创新主体的数量。

在式（3－2）中，A'表示每一款整车创新所需创造的知识总量；A'_i 表示在每一款整车创新中流程 i 所需完成的知识创新量；a'_{ij}表示整车创新中单个创新主体所需完成的知识创新量。

2. 创新主体知识增量表示

在整车创新过程中，每个创新主体获取知识增量共有两个渠道：一是通过同其他创新主体不断交流沟通获取一定信息知识量；二是将从其他创新主体获取的信息知识量融入自身的创新，从而内生出创新知识。其表达如下：

$$\Delta a_{ij}^t = I_{ij}^t + \varphi \ (I_{ij}^t + a_{ij}^{t-1}) \tag{3-3}$$

$$I_{ij}^t = \sum (0_{ij,eh}^t \times c_{ij,eh}^t \times w_{ij,eh}^t) \tag{3-4}$$

在式（3－3）中，Δa_{ij}^t表示创新主体 ij（i 表示创新主体所属的流程部门，j 表示创新主体在所属流程部门下的子部门或者外部创新主体）在第 t 期的知识增量；I_{ij}^t表示创新主体 ij 在第 t 期同其他创新主体交互所获得的信息知识量；a_{ij}^{t-1} 表示创新主体 ij 在第（$t-1$）期共拥有的知识存储量；φ 表示创新主体自身的创新能力系数，为了跟现实情况更贴近，其取值大小将受到交流频数及关系强度的影响，因为整车创新是一个各组件联系非常紧密的创新过程，并且是并行式创新系统，此时，只有当单个创新主体同其他主体多交流沟通才能尽可能避免由于信息失真和误差而不断返工，同时由于共同解决问题有利于提高知识创新的速度，当交流频数较高时，φ 取值较大，反之较小，但是，由于创新主体之间的交流会消耗一定的创新资源，交流频数并非越高越好，而是有一个阈值，当交流频数超过这个阈值时，反而会降低创新主体的知识内生能力，使 φ 值降低。

在式（3－4）中，θ 表示创新主体在单位时间步内的交流频数，这里 θ 的取值将由核心企业的创新模式决定，当核心企业的创新模式倾向于链式独立型创新时，其随机取值较小，当核心企业的创新模式倾向于网式整合型创新时，其随机取值较大；c 表示创新主体 ij 和 eh 每交流一次最多可能获得的信息知识量，其取值将受到交流频数的影响，如果交流频数较低，则每次交流的信息知识量较大，反之，较小；w 为创新主体之间的关系强度，e 表示合作方创新主体所属的流程部门，h 表示合作方创新主体在所属流程部门下的子部门或者外部创新主体，$ij \neq eh$，当 $i=e$ 时，说明是流程部门内部的主体之间的交流合作，关系强度 w 较大；当 $i \neq e$ 时，说明是跨流程部门之间的交流合作交流，关系强度 w 较小。

3. 创新效率

这里的创新效率是指整车产品的创新效率，用整车产品的研发周期来表示：

$$D = \sum_{i=1}^{s} T_{A'_i} \tag{3-5}$$

在式（3－5）中，D 表示整车创新的研发周期；$T_{A'_i}$ 表示每个流程完成创新任务所需时间。

4. 创新主体的连接

在整车研发创新过程中，流程部门之间、流程部门和子部门之间及子部门之间都可能因为创新的需要进行必要的沟通交流，因此就有建立连接的可能。本书借用陈亮等人的表达方式，将连接的概率设为 p，该概率受创新主体各自拥有的合作伙伴的影响，即各自度分布的影响，同时也受企业创新环境的影响，表示如下：

$$p_{ij,eh} = f(ij)\,f(eh) \tag{3-6}$$

$$f(ij) = \frac{1}{e^{\beta k(ij)} + 1} \tag{3-7}$$

在式（3－6）和式（3－7）中，ij 和 eh 表示整车创新过程中不同的创新主体，i 和 e 表示创新主体所属的流程部门，j 和 h 表示流程部门内两个不同的创新主体，β 为调节常数（$0<\beta<1$），表示核心企业创新网络模式对主体间沟通交流的影响。在网式整合型网络模式主导下，企业鼓励创新主体之间的非正式交流，并创造种种有利于沟通交流的条件和机会，进而使得创新主体之间建立连接的概率较大，所以 β 值较小；在链式独立型网络模式主导下，企业的创新活动都是按照法律、法规流程来进行的，对创新主体之间的正式和非正式交流造成了障碍，进而使得创新主体之间建立连接的概率较小，所以 β 值较大。同时规定 $p_{ij,ih}>p_{ij,eh}$，$i\neq e$，因为在研发创新过程中，流程部门内主体之间的连接概率要大于跨流程部门主体之间的连接概率。

5. 创新主体之间的关系强度

在整车创新过程中，核心企业内部各创新主体之间（包括企业内部各部门和企业外部各主体）通过正式和非正式的交流获取在创新过程中所需的信息和知识。其传递的信息和知识量受到合作双方关系强度的影响，当双方较为了解彼此的业务和创新过程，双方信任度较高，合作具有默契时，双方的交流沟通障碍会减小，信息和知识的传递就会比较畅通，接收方就会以较高的效率获得自己所需的信息和知识。而关系强度会受到合作双方交流频数的影响。将单位时间步内创新主体之间的交流频数设为 θ，其在一定的范围内自由取值，将关系强度设为 w，创新主体之间每交流一次，二者之间的关系强度就会以一定的幅度增加，将该幅度设为 μ，μ 也在一定的范围内自由取值，则当 θ 变为 $\theta+1$ 时，w 就会变为 $w+\mu$。$w=1$，说明创新主体之间的关系强度已经达到极值，随着交流频数的增加，关系强度也不会改变，标志着双方传递的信息完全能被双方共同接受。

6. 创新网络结构特性的说明

合作网络已成为复杂网络研究的重要领域，本书所研究的汽车核心企业创新网络无疑也是合作网络的一个单元，因此运用复杂网络理论来研究汽车核心企业创新网络将是科学的。杜海峰等指出，测度复杂网络特征主要的指标有三个，即度分布、平均路径系数和平均聚类系数，其是判断小世界网络和无标度网络的主要指标。但他们同时指出，实际社会网络结构复杂，仅用这些指标衡量网络的小世界现象和无标度特性显然是不够的，应该发展一些模型测度网络的其他特征，如网络的社区结构属性等。因而本书在引入上述三指标的同时，引入了匹配系数指标，用以测度网络的社区结构属性。下面先将本书所研究网络做整体说明，在此基础上进行每项指标的具体阐述和解释。

（1）网络整体说明。

将所研究的内外网络整体表示为 $G=(V, E)$，其中，V 表示节点，是创新网络中所有创新主体的集合；E 表示边，是创新网络中所有创新主体关系的集合。$N=|V|$ 表示网络所有创新主体的数量，$\boldsymbol{A}=(a_{ij,eh})$ 是相应的邻接矩阵，如果节点 ij 和 eh 相连，且 $ij \neq eh$，则 $a_{ij,eh}=1$，否则，$a_{ij,eh}=0$。

（2）节点度与平均度 k。

节点度指该节点邻居的个数；平均度 k 指网络中平均每个节点拥有的邻居数。节点度和平均度 k 代表了知识网络的协作程度，度值越大，表示该节点与其他节点建立信息和知识流动关系的数目越多，网络的协作程度越大。

（3）平均路径长度 L。

L 主要衡量整个网络的紧密程度，反映了网络交换信息和知识的效率，即一个创新主体平均要经过多少步才能把信息和知识传递给另一个创新主体。L 越小，节点之间的联系越紧密，知识扩散损耗越小，成本越低，效率越高。这里定义节点 ij 与节点 eh 之间的最短长度为 $l(ij, eh)$，其平均路径长度为：

$$L=\frac{1}{N^2}\sum_{ij=1}^{N}\sum_{eh=1}^{N}l(i,j) \tag{3-8}$$

（4）平均聚类系数 C。

C 主要衡量整个网络的集团化程度，即考察联系在一起的集团各自的近邻之中有多少是共同的近邻。杜海峰指出，学者关于聚类系数的定义有所不同，彼此之间有差异，但他指出了一般较为常用的定义。本书将采用这个常用定义测度网络的平均聚类系数，表示为：

$$C=\frac{1}{N}\sum_{i=1}^{N}C_{ij} \tag{3-9}$$

这里，C_{ij} 为节点 ij 的局部聚集系数，定义为：

$$C_{ij}=\frac{\text{包含顶点 } ij \text{ 的三角形的个数}}{\text{以顶点 } ij \text{ 为中心的连通三元组的个数}} \tag{3-10}$$

三角形指三个节点组成的组，其中每个节点都与其他两个节点相互连接；连通三元组指至少有一个节点与其他两个节点都相连的三个节点组成的组。其等价数学计算公式可表示为：

$$C_{ij}=\frac{2E_{ij}}{k_{ij}\ (k_{ij}-1)} \tag{3-11}$$

其中，对于节点 ij，和其他 k_{ij}个节点直接相连，组成 k_{ij}个邻居，如果这 k_{ij}个邻居是群的一部分，那么在它们之间就可能有 $k_{ij}\ (k_{ij}-1)\ /2$ 条边连接。则 k_{ij}个邻居之间实际相连的边数 E_{ij}与总边数 $k_{ij}\ (k_{ij}-1)\ /2$ 之比就是节点 ij 的局部聚集系数 C_{ij}。

（5）匹配系数。

社会网络匹配系数的概念由 Newman 在 2003 年的国际期刊 *Physical Review E* 中提出，后来被一些学者引用，以对社会网络进行更深入的分析①。Newman 认为，社会网络具有社区机构，也就是上述的集团结构，集团内的联系比集团间的联系要紧密很多。为了从定量角度刻画社会网络的这种社区属性特征，Newman 提出了匹配系数这一术语，并根据研究节点的特征给出了如下公式：

考虑到节点间的度相关性，连续匹配系数服从：

$$r_{scalar}=\frac{\sum_{ab} ab(e_{ab}-q_a q_b)}{\sigma_q^2} \tag{3-12}$$

$$q_b=\frac{(b+1)\ p_{b+1}}{k} \tag{3-13}$$

$$k=\sum bp_b \tag{3-14}$$

其中，r_{scalar}为匹配系数；e_{ab}表示节点度为 b 的节点与节点度为 b 的节点之间的连接边数与网络中所有连接边数的比值；p_b 表示一个随机选定节点的节点度恰好为 b 的概率；q_b 表示网络中其他节点与该节点相连接的概率；σ_q 是 q_b 分布的标准偏差；k 是整个网络的平均度。

---

① NEWMAN, M E J. Mixing patterns in networks [J]. Phisical Review E, 2003, 67: 1-13.

在这里，r_{scalar}的正负代表着不同类型的网络结构，当 $r_{scalar}>0$ 时，网络结构被称为中心外围结构：中心节点间相互连接，并且中心节点和外围节点也相互连接，此种网络具有较高的抗风险性。当 $r_{scalar}<0$ 时，网络结构被称为星形结构：度数较小的节点倾向于与度数较大的核心节点连接，而核心节点之间较少连接，此种网络抗风险性较低。

3.2.3 仿真结果分析

张永安和田钢指出，由于主体行为规则和模型初始参数设置不合适等，仿真研究要做到只进行一次实验就达到合理预期非常困难，需要在原始仿真模型的基础上不断修正主体行为规则和初始参数值，直至模型构建成功。本书呈现的相关参数，是在经过多次试错以后，最终选取的较能体现总体实验结果的其中一种，虽然存在一定的主观性，但因多主体仿真本身具有自主性、随机性等特征，所以仍具有客观意义。

1. 仿真参数设定

根据上述模型，参照某汽车核心企业整车研发的实际情况，本书将整车的研发流程数 S 设为 5；参加创新的内外主体数 N 设为 100；将各个创新流程部门内的创新主体数设为 $n_1=30$，$n_2=30$，$n_3=20$，$n_4=10$，$n_5=10$；主流程部门 a_{i1}（$1\leqslant i\leqslant s$）拥有的创始知识量将在［50，60］中随机选取，其他创新主体的初始知识量将在［5，10］中随机选取；每次整车创新的新知识量将在［250，300］区间内随机选取，并按 3∶3∶2∶1∶1 的比例分配到每个流程，再按一定的比例分配给每个创新主体。网络结构初始参数设定的原则：假设整车的初始研发网络是根据业务联系的紧密程度而生成的链式星形网络结构。在此原则指导下，构建初始研发网络，通过计算，初始研发网络的网络结构参数为 $N=100$，$k=4$，$L=14.91$，$C=0.22$，$r_{scalar}=-0.36$。同时规定节点之间关系强度 w 的初始值将在［0.1，0.2］区间内随机选取，创新主体之间每交流一次，其关系强度 μ 将增加 0.001。

基于上述基础参数设置，在链式独立型网络模式环境下，企业不鼓励创新主体之间建立联系，甚至为创新主体间的信息流通制造障碍，为之创造较少的交流平台，因此，β 取值较大，创新主体之间建立连接的概率 p 较小，创新主体之间互动的频率 θ 较低，继而各创新主体的知识内生能力 φ 受到影响，取值较低，各创新主体之间每次交流的知识量 c 增多，取值稍大。经过多次试验，将这几个参数的取值规定为：$\beta=0.78$，θ 将在［1，2］区间范围内随机取值，φ 将在［0.2，0.3］区间范围内随机取值，c 将在［1.5，2.5］区间范围内取值。

而在网式整合型网络模式环境下，企业鼓励创新主体之间建立联系，并为之创造多样化的平台，因此，β 取值较小，创新主体之间建立连接的概率 p 较大，创新主体之间互动的频率 θ 较高，继而各创新主体的知识内生能力 φ 受到影响，取值较高，但各创新主体之间每次交流的知识量 c 可能会较少，取值稍小。这里将这几个参数的取值规定为：$\beta=0.23$，θ 将在［3，4］区间范围内随机取值，φ 将在［0.5，0.6］区间范围内随机取值，c 将在［1，2］区间范围内取值。

2. 仿真结果分析

笔者运用 MATLAB 软件，经过多次试验和修正，最终得出不同网络模式下网络结构的变化过程（见表 3－7 和表 3－8）和创新绩效的演化结果（见图 3－5 和图 3－6）。对该演化结果的具体解释和分析如下。

表 3－7　网式整合型网络模式下网络结构的演变过程

	$t=0$	$t=50$	$t=100$	$t=150$	$t=200$	$t=250$
L	14.91	14.87	11.23	6.24	1.78	1.67
C	0.22	0.28	0.44	0.59	0.61	0.62
r_{scalar}	−0.36	−0.23	−0.02	0.16	0.19	0.21

表 3－8　链式独立型网络模式下网络结构的演变过程

	$t=0$	$t=50$	$t=100$	$t=150$	$t=200$	$t=250$
L	14.91	14.88	13.76	10.97	6.24	5.24
C	0.22	0.22	0.25	0.37	0.40	0.41
r_{scalar}	−0.36	−0.34	−0.31	−0.26	−0.21	−0.18

从表 3－7 和表 3－8 可以看出，在不同网络模式下，经过 250 步长的演化，网络结构趋于稳定，但演化结果差异较大，继而导致创新绩效的演化差异明显。

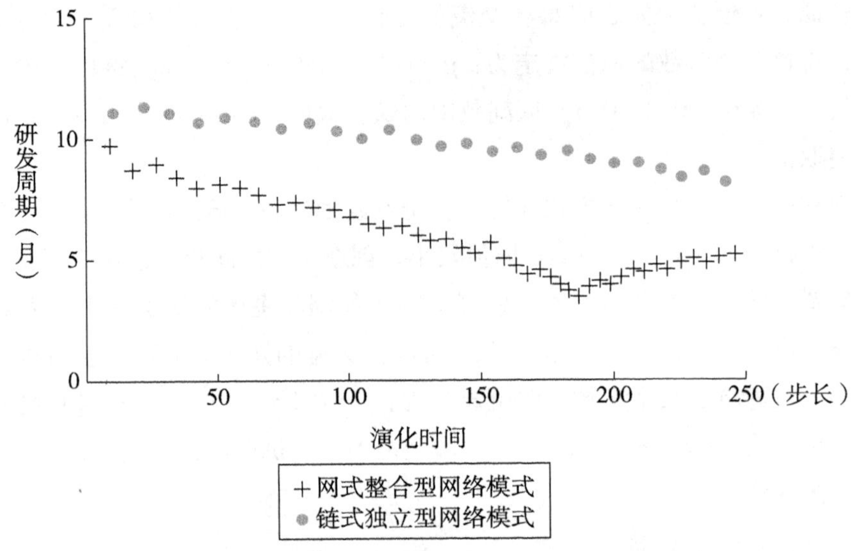

图 3-5　不同创新网络模式下研发周期的演化趋势

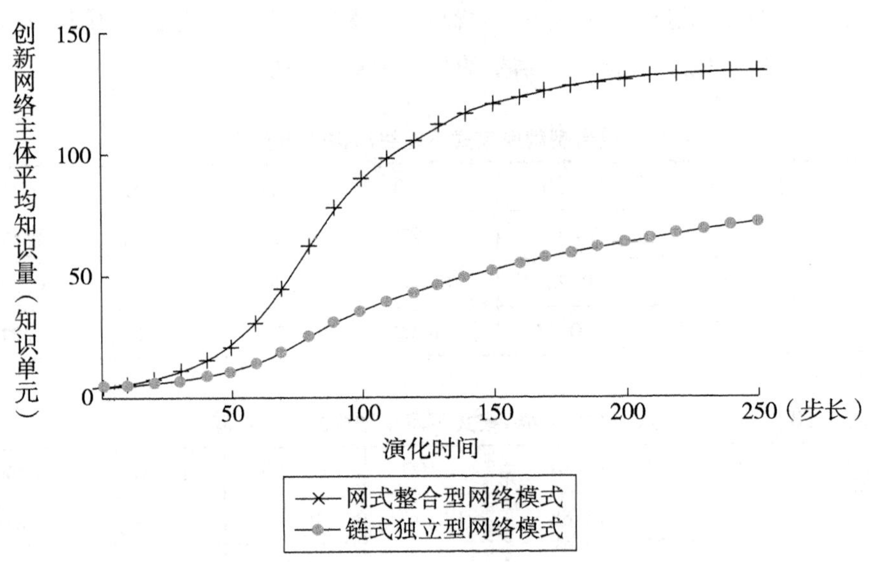

图 3-6　不同创新网络模式下创新网络主体平均知识量的演化趋势

在网式整合型网络模式背景下，其响应的网络结构变化显著，平均路径长度 L 从初始的 14.91 演化为最终的 1.67，平均聚集系数 C 从最初的 0.22 演化为最终的 0.62，匹配系数 r_{scalar} 从最初的 -0.36 演化为最终的 0.21。根据网络结构的重要判断指标（见表 3-9），该网络结构的演化结果具有小世界现象和中心外围结构特征，特别是在150～200步长的演化过程中，该网络的平均路径长度、平均聚集系数及中心外围性的取值发生较大变化，平均路径长度演变为较小取值，平均聚集系数演变为较大取值，中心外围性取值不但大于0，并且超出较多，完全符合小世界网络、中心外围结构的判断标准，因而可以说，网络在该区间内小世界现象最为明显，中心外围结构特征最为显著。同时，可以发现，在该网络结构下，存在交流频次较多的关系结构，企业的创新绩效在该区间内达到了最佳效果，研发周期达到了最低值，平均技术水平也增速较快。其跟上述关于网式整合型网络模式的理论框架研究结论相符合，即核心企业的整车创新中，网式整合型的网络模式比较有利于创新绩效的提高。在创新过程中，各个流程部门不但同其内部各个主体相互联系，流程部门之间也相互联系，整个网络创新主体之间联系比较紧密。该模式下的网络结构是开放网式中心外围型双网络结构，响应的关系结构是强关系结构，该结构使得企业的研发周期较短、创新产出较多、创新主体的知识水平提高较快。然而，也可以发现，随着演化，网络平均路径长度越来越短，平均聚集系数逐渐增大，网络的模块化越来越模糊，同时，企业的研发周期出现攀升的趋势，创新主体的平均知识水平增速趋缓。这说明，企业的创新网络并非平均度越大越好，密集度越大越好。因为，主体在创新过程中，与每一邻居的每一次交流都会消耗一定的创新资源，如果跟其直接相连的邻居越来越多，就会消耗越来越多的资源。创新主体的资源是有一个极限值的，其沟通交流的对象超越这个极限值时，反而会抑制创新主体的创新效率和创新能力发挥，进而导致整体研发周期延长和平均知识水平增速趋缓。

表3-9　　不同网络结构的重要判断指标

网络类型	平均路径长度	平均聚集系数
规则网络	大	大
随机网络	小	小
小世界网络	小	大
无标度网络	小	较大

在链式独立型网络模式背景下，其网络结构变化相对较缓慢，平均路径长度L从初始的14.91演化为最终的5.24，平均聚集系数C从最初的0.22演化为最终的0.41，匹配系数r_{scalar}从最初的-0.36演化为最终的-0.18。根据一般的

复杂网络判断指标，该网络结构的平均路径长度较长，平均聚集系数也不够高，并且匹配系数为 -0.18，小于零。这说明该网络中的主体连接较为稀疏，核心节点之间的连接不是很密切。在该网络结构下，存在交流频次较少的关系结构，从图 3 -5 和图 3 -6 中可以看出，企业的创新绩效与网式整合型网络模式相比较为欠佳，研发周期较长，创新主体的平均技术水平增长缓慢。其与关于链式独立型网络模式的理论框架研究结论一致，即在核心企业的整车创新中，链式独立型网络模式不利于创新绩效的提高，创新过程中，各个创新主体呈现接力棒式创新，核心部门之间没有彼此相互连接，部门内部主体之间的联系也不紧密，整个网络创新主体之间的联系较为松散，该模式下的网络结构是松散链式星形网络结构，响应的关系结构是弱网络关系结构，该结构使得企业的研发周期较长、创新产出较少、创新主体的技术水平增长缓慢。

为了进一步说明创新主体间的交流频度应该保持在一定的阈值之内，否则会阻碍创新绩效的提高。在网式整合型网络模式下，将创新主体之间的交流频度从 3 或 4 增加到 8 或 9，通过仿真得出不同的创新绩效演化趋势图（见图 3 -7）。从图 3 -7 可以看出，在创新主体间过多的信息、知识交流下，其创新绩效反而没有交流频度较低的创新绩效好。这是因为创新主体间过于频繁的交流，其信息、知识的接收量会变少，使交流的收益（知识获取量）小于成本（资源消耗量），还会影响创新主体的技术内生能力，所以其研发周期并不一定能够缩短，其创新主体知识量的增长也较为不理想。

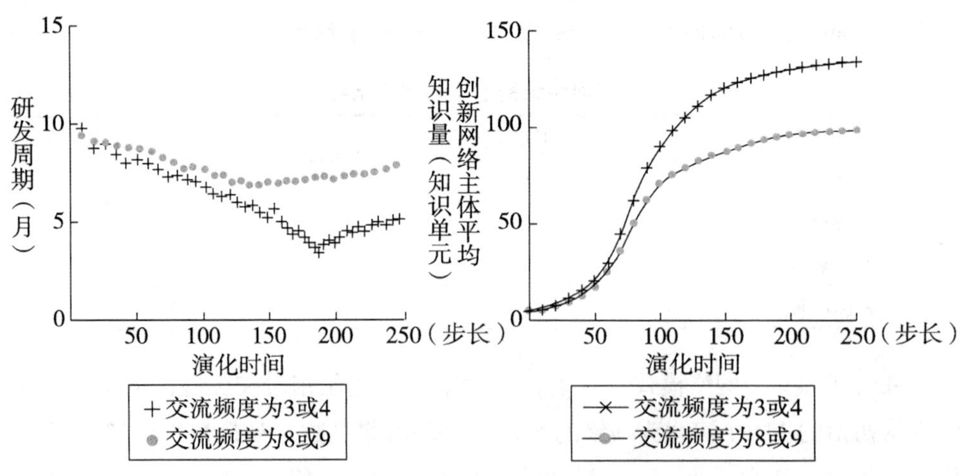

图 3 -7　网式整合型网络模式下不同交流频度对创新绩效的影响

综上分析，在网式整合型网络模式主导下，高网络密度、高关系强度的网络结构促使整车研发周期不断缩短，并且缩短幅度较大，内外创新主体的平均知识存量以较快的速度增长；而在链式独立型网络模式下，低网络密度、弱关系强度的网络结构促使整车研发周期也有一定的缩短，但是缩短幅度较小，内外创新主体的平均知识存量增长较慢。所以该结论进一步验证了案例研究分析结果，也一定程度上符合 Coleman 和 Rost 的理论观点。同时在网络具有小世界特性、中心外围结构时，整车创新效果更佳，该结论进一步支持了陈亮的研究结论，也进一步突出了强网络结构在创新中的重要作用。此外，从仿真中可发现网络密度过高、交流频次过高，都不利于创新绩效的提高。

3.3 研究结论及理论解释

3.3.1 研究结论

通过案例分析和仿真研究，笔者认为汽车核心企业创新绩效的高低优劣很大程度上与企业的网络模式有关。当核心企业采用网式整合型网络模式时，会特别注重资源的整合创新，为信息、知识的快速扩散和共享提供一切的机会和可能，鼓励内部研发部门、生产部门、销售部门及职能部门模糊组织边界，高度融合，激励外部一级供应商和科研机构广泛参与并同内部相关部门建立信任、互惠和长期合作互动的强关系。同时，为获取比较前沿的创新知识，以便在此基础上进行技术嫁接创新，汽车核心企业还同一些其他核心企业和科研机构建立了相对关系较弱的合作关系，这就形成了以核心企业内部研发部门和关键研发参与主体为核心的内强外弱的双网络结构。在这种网络模式和强弱相结合的双网络结构驱使下，企业既保障了汽车各组件之间及各组件和整车之间的快速匹配和创新目标快速达成，又保障了产品创新的可持续。通过对前沿信息和技术的获取，企业能够对市场迅速作出反应，通过吸收、消化前沿技术进行嫁接创新，加快产品创新和进入市场速度。因此，对于汽车这种高复杂度、高关联性的创新对象而言，网式整合型的网络模式和开放网式中心外围型双网络结构是最佳的选择。

当核心企业采用链式独立型网络模式时，会比较注重产品的流程性和每个流程的操作熟练性，希望这样可以提高创新效率，根据创新任务的划分来构建创新网络。创新的独立性较强，机制比较僵化。内部研发部门、生产部门、销售部门及各职能部门比较独立，部门之间互动的平台和机会较少。外部供应商、科研机构和其他核心企业在合作创新中也比较独立，广泛参与性不足，与内部相关部门的互动较少，仅按照核心企业要求提供标准产品，它们之间的信任、互惠相对比较差，关系强度较低。可以看出，这种网络模式比较适合简单、关联性不强、确定的创新对象。而对于整车这种高复杂度、高关联性的创新对象而言，此种网络模式非但不能提高创新效率，反而会延长创新周期，降低创新质量。

对于复杂产品整车创新而言，链式独立型网络模式下的整体弱网络结构大大降低了创新绩效，而网式整合型网络模式下的内强外弱双网络结构大大提升了创新绩效，可推导出整车产品创新中的中心强网络结构的核心作用。其是外围弱网络发挥作用的充分条件和前提条件，进一步突出了强网络结构在整车创新中的地位和作用，没有强网络结构的弱网络结构不会发挥很好的作用，这在案例分析和仿真中都有体现。但是，该强网络结构的网络密度和网络交流频度应该在一定的阈值范围内，并非越大越好。

3.3.2 研究结论的理论解释——从知识观视角

从上述的研究结论中可得出，对于整车产品创新而言，网式整合型网络模式及其响应的网络结构更有利于整车产品研发周期的缩短、创新质量的提高以及销售数量的增加。其内在逻辑可从知识观视角根据知识分工、知识创新的原理来解释，具体分析如下。

随着经济的发展，任何一个组织都不能单独完成整体产品的系统创新，必须通过分工合作来完成。哈耶克在劳动分工基础上提出了知识分工这个概念，认为任何一个个体都不可能掌握整体知识以及全面知识，都需要跟其他个体分工协作才能组成更为全面的整体知识，并认为知识分工协作是经济学研究的核心。

作为复杂产品的整车的创新更是如此，由于整车产品拥有 70 多个模块和上万个零部件，任何一个个体都不可能独立完成整车创新许多个体，需要分工协作才能共同完成创新。本书在这里借用了知识分工这个概念，将整车创新产品视为总体知识 A，将整车创新产品中各个关键组件视为知识 A_1，A_2，A_3，…，A_n（假设整车产品由 n 个关键组件组成），将整车产品创新过程中的各个流程视为知识 B_1，B_2，B_3，…，B_s（假设整车产品研发需经过 s 个步骤才能上市）。每个分知识属于一个主体，因此（$n+s$）个分知识就属于（$n+s$）个主体。这些主体一些属于核心企业内部，如各个研发部门；一些分布在核心企业外部，如零部件供应商、高校、其他核心企业等。这些主体是整车创新中的核心。

如图 3－8 所示，要完成总体知识 A 的创新，就要完成分知识 A_1，A_2，A_3，…，A_n 及 B_1，B_2，B_3，…，B_s 的创新。但这些知识模块并不是独立的，而是紧密相连、高度匹配的，所以每个知识在创新过程中都需要跟其他相关知识模块建立联系，各主体通过知识共享才能创造出相互匹配的知识。在整车创新中，相关知识模块是相互连接的，之间需要不断地进行信息共享，才能使零部件之间的匹配度很好。因而各核心创新主体在创新中要相互建立连接关系，不断地进行信息沟通，才能创造出质量很好、适合消费者需求的整车产品。并且，根据知识溢出效应理论，创新主体之间只有不断地进行知识交流、碰撞才能形成知识溢出效应，形成新知识，进而整车创新过程中的各知识模块只有在不断地同其他相关知识模块沟通交流的基础上，才能更快地解决问题，不断地产生知识溢出效应，促使知识创新的速度更快。此外，汽车企业为了缩短研发周期，让新产品抢先入市，导致并行研发时代到来，所以需要多个知识同时创新，这就更突出了各知识模块之间的实时信息共享和沟通，否则就失去了并行研发的意义。因为在产品研发中，下游知识是基于上游知识而创造的，在并行研发中，下游如果未能及时共享到上游知识的创造方向，就可能出现创新误差，导致返工，进而延误产品创新的时间。分知识之间的并行创新更突出了各相关知识模块之间建立连接、进行频繁信息沟通的必要。综合以上内容，汽车核心企业整车产品创新中核心主体组成的创新网络只有是强网络结构时才可能会有更好的创新绩效。

鉴于市场竞争的激烈、产品生命周期的缩短以及研发周期的所带来的优势，核心企业在获取外部技术的基础上进行应用性创新是最为经济的。因此，核心企业应该尽力从外企业外部获取一些直接知识，这里用 C_1，C_2，C_3，…，C_w 表示。拥有这些知识的主体并没有直接参与产品的创新，因而被称为外围主体。由于这些分知识仅仅是从外部主体简单获取的，如通过派遣人员到海外留学和培训、参加相关的学术会议、通过中介机构购买等手段获取，在此过程中仅仅涉及知识的单向流动，并未涉及知识的创新，主体之间并非需要建立强关系、进行频繁交流互动，外围知识之间也没有建立连接关系，这些外围主体所形成的网络属于弱网络结构。

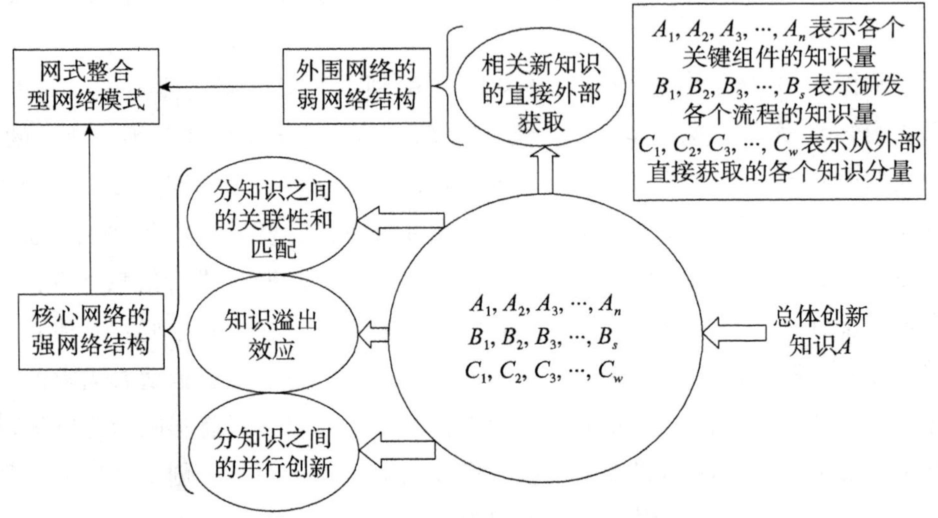

图3-8　从知识观视角解释网式整合型网络模式的合理性

综上所述，从知识观视角而言，复杂产品——整车的创新，应该应用网式整合型的创新网络模式，即内强外弱的双网络结构，这进一步说明了本书通过案例分析得出结论的合理性和科学性。

3.4　研究结论的验证

上述研究结论在通过理论解释得到合理性和科学性证明的同时，也可同管理学知名期刊上一些学者的研究结论相比较，得到一定支撑和验证。Adler和Kwon认为，针对不同的创新任务和对象应采用不同的网络模式。Hansen和Uzzi指出，相对比较复杂的、不确定性的创新任务比较适用于团结一致的网络模式，即创新中各主体相互连接，关系强度较高，响应网络结构是强网络结构；反之，相对比较简单、确定性较高的创新任务比较适用于分散式的网络模式，即创新中各主体比较独立，网络分散，响应网络结构是弱网络结构。此后，Uzzi 和 Spiro、Fleming、McFadyen、Capaldo 和 Rost 等学者认为，核心网络结构为强网络结构、外围网络为弱网络结构的双网络结构产出的绩效最好。虽然这些研究的创新对象有所差异，有著作的合作网络、有家具制造设计创新网络、有汽车行业的发明网络等，但是研究结论基本一致。这恰好验证了本书的研究结论，即链式独立型网络模式及其弱网络结构非常限制汽车核心企业创新绩效的提高，而网式整合型网络模式及内强外弱的双网络结构发挥了极大优势，极大地提高了汽车核心企业的创新绩效。但本书在这些学者研究的基础上，进行了进一步研究，提出对于复杂产品创新而言，中心的强网络结构发挥着最为重要的作用，是核心和必不可少的，是外围弱网络发挥作用的前提。

上述的网络模式在我国一些汽车核心企业中得到了较好的运用。以重庆长安汽车股份有限公司（简称长安汽车）核心企业为例，其在整车研发创新中典型地运用了网式整合型的创新网络模式，其网络结构具有开放网式中心外围型双网络结构特征。其在整车研发创新中，采取了全球资源整合的研发战略，根据全球创新资源优势，构建了“五国九地、各有侧重”的协同研发体系（见图3-9），实施“24小时不间断协同开发”。其还运用矩阵组织模式加强企业内部各研发主体的交流和沟通，在企业内部实现了开发设计流程的完整闭环控制，形成了项目团队对整个上下游产业链各类资源统筹协调、高效调配的长效机制，所以企业内部创新网络是一个实时沟通的强关系网络。在外部网络中，长安汽车通过“管理+IT”的信息化模式，整合供应商和经销商的合作网络，培养供应商和经销商的长期合作关系，让它们参与到整车研发中来，形成强网络关系。同时长安汽车同北京理工大学、上海交通大学、吉林大学、重庆大学、湖南大学、同济大学建立长期、深度的合作关系，并取得了可喜成绩。例如，长安汽车通过产学研合作，在自动变速器匹配、进排气系统方面的能力跃升国内先进行列，先于国内其他汽车企业进入空气动力学、尺寸公差研究领域。长安汽车在同这些关键主体进行强关系合作的同时，也同一些主体进行弱关系合作，最为显著的就是国外四个研发中心。长安汽车，通过同当地一些汽车研发中心及高校的学习交流（正式或非正式），获取基础知识和前沿技术，了解汽车的创新趋势和方向，进而为整车创新提供了可借鉴的技术和方向，以便进行下一步的渐进式创新。长安汽车核心企业通过这种独特的“长安模式”使技术能力快速持续增长。截至 2012 年年底，国际公认的汽车研发领域 286 项关键技术中，长安汽车已经掌握了 262 项，拥有造型与总布置、结构设计与性能开发、仿真分析、试验验证与评价、样车制作与工艺核心能力及项目管理能力。这也充分说明了网式整合型网络模式在整车复杂产品创新中的优越性，也进一步说明了企业内部强网络关系在整车创新中的重要作用。

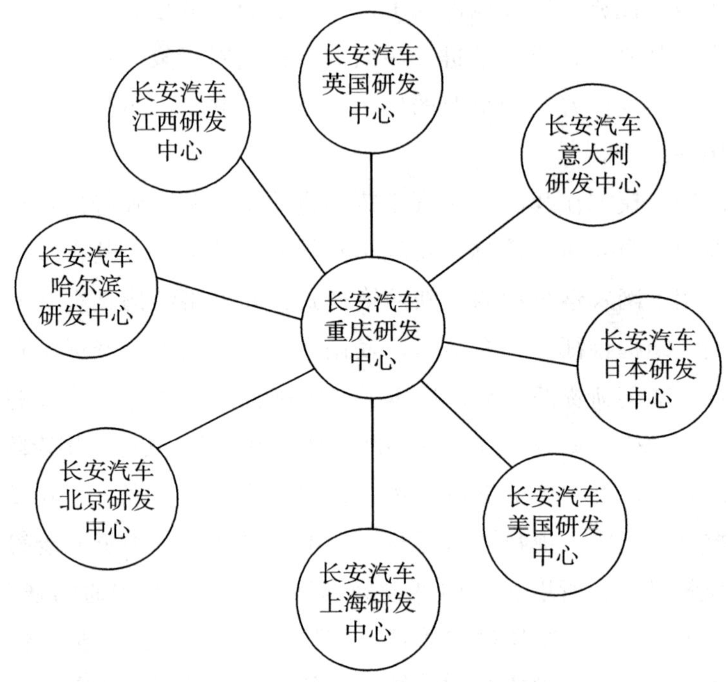

图 3－9　长安汽车核心企业的协同研发体系

3.5　本章小结

首先，本章根据汽车核心企业创新网络定义，以美国和日本汽车核心企业为例，归纳总结出整车研发创新中两种典型的创新网络模式和响应结构——链式独立型网络模式和松散链式星形网络结构、网式整合型网络模式和开放网式中心外围型双网络结构，分析出网式整合型网络模式和其响应结构更有利于整车创新绩效提高，推导出强网络结构在整体创新网络结构中的重要作用——是整个创新网络发挥作用的前提，没有强网络的网络将不会很好地发挥作用。其次，依据创新网络理论和复杂网络理论，构建了汽车核心企业创新网络模式作用于创新绩效的仿真模型，模拟了不同创新网络模式对创新绩效的影响过程，明确了整车研发中，网式整合型网络模式比链式独立型网络模式更有利于整车创新绩效的提高，发现了在网式整合型网络模式背景下，当其响应结构具有小世界特性和中心外围属性时，创新绩效最佳，进一步突出了强网络结构的重要性和不可或缺性。再次，从知识观视角，依据知识分工和知识整体创新的逻辑，对上述结论进行了理论解释，说明其合理性和科学性。最后，同已有相关研究结果进行比较，对本书的研究结论进行验证，同时以长安汽车核心企业的研发为例，对本书的研究结论进行了说明。

本章的研究结论是对强弱网络结构理论的进一步拓展，为我国汽车核心企业在创新中组织核心企业内外资源，形成有利于提高创新绩效的网络结构提供了一定的参考。

第4章 汽车核心企业创新网络对创新绩效的影响机理研究

第3章的研究明确了有利于提高汽车核心企业整车创新绩效的网络模式和网络结构特征，呈现出了汽车核心企业创新网络的结构原型，那么该网络结构对创新绩效的具体影响机理是什么？目前，关于此问题的研究还不多，并且学者大都从核心企业外部创新网络角度研究核心企业创新网络对创新绩效的影响机理。将内部创新网络纳入核心企业创新网络的研究范畴，系统研究整个创新网络对创新绩效影响机理的相关文献还不多，特别是关于大型制造业的相关文献更少。因此，笔者基于理论研究，结合汽车核心企业的实际情况，从内外创新网络两个方面提出了本章的研究框架、理论假设及概念模型，通过调查问卷、结构方程模型验证概念模型，得出汽车核心企业创新网络对整车创新绩效的影响机理。

4.1 汽车核心企业创新网络对创新绩效影响机理的研究框架

关于创新网络对创新绩效影响机理的研究，大多基于社会资本理论和知识创新理论，从网络特征变量到知识整合/知识创新再到创新绩效这样的逻辑思路着手，如郭桂林，惠青和邹艳，章威等的研究。本书借鉴了该研究逻辑，从内外创新网络两个层次，研究了汽车核心企业创新网络对创新绩效的作用过程。关于外部创新网络特征变量的选取，本书借鉴了窦红宾和王正斌的研究，从网络规模、网络密度和关系强度三个方面说明汽车核心企业外部创新网络的效度；关于内部创新网络特征变量的选取，本书借鉴了 Nahapiet 和 Ghoshal 及 Tsai 的研究，从认知维度的共同愿景、结构维度的网络结构和关系维度的网络关系三个方面说明汽车核心企业内部创新网络的效度。这些特征变量都会对产品创新过程中的知识整合和知识创新产生影响，最终作用于创新绩效。并且内部网络和外部网络之间也是相互影响和作用的，该影响和作用的效用也会作用于知识整合和知识创新，最终作用于创新绩效。基于此，笔者提出了汽车核心企业创新网络对创新绩效影响机理的总体研究框架（见图 4－1），并基于该研究框架提出了理论假设，构建了实证的概念模型，具体在下面进行分析。

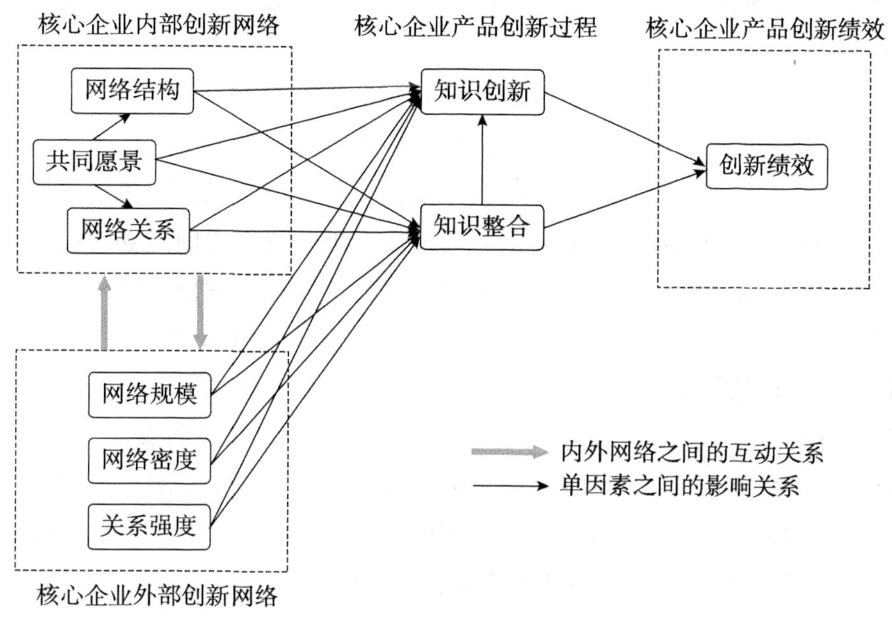

图 4－1　汽车核心企业创新网络对创新绩效影响机理的研究框架

4.2　理论依据及研究假设

4.2.1　内部创新网络中共同愿景与网络结构、网络关系

企业内部创新网络共同愿景指企业内部组织中所有成员的共同目标和愿望，它容纳和整合了创新主体的个人愿景，将创新主体与企业的目标、价值观和使命紧密相连，使每个创新主体拥有衷心渴望实现目标的内在动力，积极主动地奉献和投入创新活动，实现自己和企业价值。部分学者在对团队创

新的研究过程中，也意识到了企业内部创新网络共同愿景的重要性。其中，任胜钢认为，企业内部网络团队的共同愿景可以在很大程度决定企业内部行为的总体方向和创新成功的程度；Atuahene - Gima 指出，跨职能团队对于新产品开发和创新之所以有效是因为它具有共同的目标导向，并能实现更好的部门间协同；Tsai 认为，如果企业内部网络的所有成员对他们之间如何建立连接更有利于知识创新拥有共同的看法，那么他们在交流过程中就可能会避免认知冲突，进而彼此有更多机会进行知识信息的交流。由此可见，企业内部创新网络共同愿景对企业创新成功具有根本性的引导作用和间接性的促进作用。

内部创新网络结构指企业内部各单元间连接的结构和模式，如网络联系、网络构造等。如果企业内部创新职能部门间能够建立起网络式连接，则有助于打破信息和知识的流动障碍，收集产品创新的全面信息和知识，提高创新的效率和质量。而企业各单元间的共同愿景有助于它们之间建立连接，因为当各创新主体拥有共同的目标和方向（共同愿景）时，它们会形成关于创新的共识，具有达到目标的动力，进而积极主动克服部门间信息、知识传递的障碍，提高产品创新的效率和质量。正如李燕华所认为的，当企业内部网络中形成共同愿景，网络中的人员就会对如何同其他成员进行互动产生共识，进而有利于内部成员间建立连接关系并进行想法和意见的交换。也如张永安等所发现的，在汽车核心企业产品创新过程的影响因素中，企业的价值观（共同愿景）有利于创新主体之间建立连接关系并进行合作创新。因此，当企业内部创新网络主体拥有共同愿景时，它们就会积极建立知识交流共享通道，减少流动障碍，使整个网络连接数量增加，知识传递路径较短。

企业内部创新网络关系指企业内各创新主体间的关系本身性质以及根植于这些关系的资产，如信任、交流频度等。企业内部创新网络共同愿景不仅有利于创新主体之间连接的建立，更有利于主体之间关系的维护和强度的增加。如上所述，当企业内部创新主体拥有共同愿景时，会对高效率、高质量的产品创新拥有共同的认识和追求。鉴于创新任务联系的紧密性和复杂性（如整车创新），它们之间需要通过合作不断进行信息交流、知识碰撞达到创新目的，进而对必要互动形成共识，形成最基本的信任，促使部门之间及具体人员之间进行频繁的正式和非正式交流，进行信息和知识的沟通、学习及溢出。正如 Sitkin 和 Roth 所论述的，企业内部成员之间的信任关系是根植于共同愿景之中的；Tsai 和 Ghoshal 认为，企业内部网络成员之间的共同愿景导致它们倾向于建立信任关系，通过合作达到共同目标；王国顺和杨昆通过对 469 个样本进行研究发现企业内部网络的共同愿景有利于提高主体之间的信任。

综上所述，笔者提出了以下研究假设。

假设 1：汽车核心企业内部创新网络的共同愿景在网络作用发挥中起着根本性的引导作用，有利于内部网络结构的建立和关系的维护，对其具有正向显著作用。

假设 1a：汽车核心企业内部创新网络的共同愿景与网络结构属性正相关，即如果企业内部创新主体拥有共同愿景，那么内部创新网络的关系连接数量就会增多、网络密度会增加、平均路径长度会缩短。

假设 1b：汽车核心企业内部创新网络的共同愿景与网络关系属性正相关，即企业内部创新主体之间的共同愿景有助于它们之间信任关系的建立和交流频度的增加。

4.2.2　内部创新网络各个特征变量与知识整合、知识创新

1. 企业内部网络共同愿景与知识整合、知识创新

知识整合是企业竞争力的真正来源，对于汽车核心企业更是如此，因为高复杂度、高技术含量的汽车产品拥有 70 多个模块、上万个组件，并且它们之间联系紧密，企业不可能进行每个组件的自主创新来完成整车创新，内部每个单元也不可能隔绝开来进行单独创新而不顾与其他组件的匹配性。加之外部环境的快速变动，产品生命周期的缩短，整车创新中知识学习积累与知识整合的重要性特别突出，只有在此基础上，企业才能不断进行可持续创新。而企业内部网络的共同愿景有利于该过程中知识的整合和创新。因为共同愿景促使各创新单元拥有共同的创新目标，对于创新任务产生共同的认识，进而促使创新过程中的知识共享效率更高、知识整合和知识创新效果更好。正如 Collis 和 Montgomery 所认为的，企业的竞争能力是组织的积累性学习的结果，是对技术和知识的协调，它与组织流程和价值观念的传递有关。谢洪明等在此基础上进行了实证研究，也得出了企业内部共同愿景对知识整合的直

接作用和二者的正相关关系。对于汽车核心企业而言，在创新过程中，内部网络主体的共同愿景对知识的整合和知识创新起着直接的推动作用。所以，笔者做出如下假设。

假设2：汽车核心企业内部创新网络的共同愿景有利于知识的整合和创新，对其有显著的正向影响。

假设2a：汽车核心企业内部创新网络的共同愿景有利于创新主体间知识整合，对其有显著的正向影响。

假设2b：汽车核心企业内部创新网络的共同愿景有利于知识的创新，对其有显著的正向影响。

2. 企业内部网络结构与知识整合、知识创新

网络是信息、知识扩散和传播的路径和通道，否则知识整合和知识创新就无从谈起，特别是对于复杂产品。模块和组件的多样性及其之间联系的紧密性和匹配性等要求企业内部各创新单元在创新过程中，及时进行信息、知识的传递、反馈及融合。如果企业内部各创新主体能够通过各种平台在创新中同其他创新主体建立联系，及时进行信息、知识交流，那么知识整合和知识创新的效率、质量会大大提高。正如 Cusumano 等在研究汽车核心企业研发过程中的战略、结构与创新绩效时指出的，汽车核心企业内部各创新主体之间的及时信息、知识交流，对研发绩效有非常大的促进作用。Tsai 和 Ghoshal 在研究一家跨国电子大型企业时认为，组织内部各主体之间的关系纽带与知识整合和创新直接正相关。因此，在汽车核心企业的创新过程中，内部创新主体之间的跨组织连接、组织内部的连接是知识整合和知识创新的前提和基础，对知识整合和知识创新有着直接的推动作用。所以笔者提出如下假设。

假设3：汽车核心企业内部创新网络的结构属性有助于研发过程中知识的整合与创新，对其有显著的正向影响，即内部创新网络的高密度、高聚集度有利于知识的整合与创新。

假设3a：汽车核心企业内部创新网络的结构属性有利于研发过程中知识的整合，对其有显著的正向影响。

假设3b：汽车核心企业内部创新网络的结构属性有利于研发过程中知识的创新，对其有显著的正向影响。

3. 企业内部网络关系与知识整合、知识创新

企业内部网络的关系属性包括创新主体之间的信任程度、交流频度及互惠性。创新主体之间建立连接提供了获取知识和信息的可能性，但是不能保障共享和整合知识的有效性。例如，创新主体之间没有建立起相互信任的关系，那么它们在合作交流中可能较为保守，对核心知识有所保留，进而不利于知识的整合和创新；又如，在整车创新中，创新主体没有进行及时、高频次的信息、知识互换，那么在并行研发过程中可能会扭曲知识创新方向，由于上游部门对下游部门的了解不够造成返工，由于下游部门没有及时获取上游部门的信息和知识创新方向造成知识创新方向出现偏差，这就阻碍了知识的有效整合和知识创新。因此，在汽车核心企业创新过程中，内部创新主体之间相互信任并多次进行知识的交流和碰撞，对知识的整合和创新有直接的促进作用。Bradach 和 Eccles 认为，内部创新主体之间的信任是期望值的一个类型，有利于缓解对合作伙伴的机会主义行为，它们之间建立了信任关系，就会更愿意进行信息和知识共享，以及进行合作创新。Rost 指出，没有强关系（高信任度、高交流频度、高互惠性）的创新网络是不具有任何价值的。所以笔者提出了如下假设。

假设 4：汽车核心企业内部创新网络的关系属性有利于研发过程中知识的整合与创新，对其有显著的正向影响，即创新主体之间的高交流频度、高信任度有利于知识的整合与创新。

假设 4a：汽车核心企业内部创新网络的关系属性有利于研发过程中知识的整合，对其有显著的正向影响。

假设 4b：汽车核心企业内部创新网络的关系属性有利于研发过程中知识的创新，对其有显著的正向影响。

4.2.3　外部创新网络各个特征变量与知识整合、知识创新

1. 企业外部网络规模与知识整合、知识创新

随着现代产品生命周期的不断缩短，企业通过开放的外部网络进行外部技术知识整合，并在此基础上进行嫁接创新，这是企业获取竞争力的必然手段。一些学者认为，企业外部网络规模越大意味着企业的关系资源越丰富，

核心企业越有可能获取知识资源，进而越有可能实现知识整合和创新的规模效应，这在 Wijk、Landry、刘璐等的研究中都有体现。鉴于汽车产品的高复杂性、高科技性以及产品的生命周期不断缩短，汽车核心企业难以依靠自身进行所有组件的持续性创新，必须通过外部创新网络进行资源整合创新，才可能促使企业可持续发展，特别是对于后发型汽车核心企业来说更是如此。例如，日本汽车核心企业作为后起之秀，能够成功的一个重要原因就是能够利用多种外部网络获取技术知识，并对其进行整合创新。正如曼斯菲尔德认为的，日本汽车核心企业在获取外界技术并付诸使用这方面是最有效率的。中国发展比较成功的汽车核心企业奇瑞也采用了日本的发展模式，企业始终保持学习系统的开放性，通过同外部多个主体进行合作，对知识进行整合创新，引领发展。汽车核心企业创新网络规模越大，越有助于核心企业从中获取所需的知识，越有利于企业进行知识的创新。继而，笔者提出如下假设。

假设 5：汽车核心企业外部网络规模大有利于知识的整合与创新，对其具有显著的正向影响。

假设 5a：汽车核心企业外部网络规模大有利于知识的整合，对其具有显著的正向影响。

假设 5b：汽车核心企业外部网络规模大有利于知识的创新，对其具有显著的正向影响。

2. 企业外部网络密度与知识整合、知识创新

核心企业外部网络密度指核心企业同外部主体所形成的网络中实际连接边数与可能有的连接边数之比。目前，关于企业外部网络密度与企业知识的整合和创新的关系存在分歧，大多数学者认为，核心企业外部创新网络的密度越大，网络中的知识、信息交流就越充分，获取有用信息的概率也相对较大，从而越有利于企业间的知识整合和集群的创新活动，这在谢洪明、Rost、Ahuja 等的研究中都有体现。但是也有一些学者指出，适度的网络密度才能有效促进企业创新绩效的提高，对于小规模企业来讲，网络密度跟创新绩效是没有显著关系的。笔者认为从汽车核心企业这种大型制造企业来讲，外部成熟稳定的创新网络的网络密度越高，越有利于核心企业信息知识的获取和整合，越有利于知识创新。因为在核心企业的主导和协调下，网络中各主体通过建立连接进行交流互动，进而不断学习，提高自己的技术实力，同时有利

于快速整合知识和创新，如果各主体间没有建立连接并由核心企业作为桥梁传递知识和信息，可能会出现信息、知识的损耗，不利于隐性知识的传递，并会降低知识整合创新的速度。Dyer在研究汽车核心企业丰田的供应商网络时发现，丰田通过建立供应商协会、建立运营管理咨询部、建立自愿学习小组、建立问题解决小组、企业之间互派雇员、绩效反馈和监测过程六条途径来提高外部创新网络的连接密度，便于隐性知识和显性知识的快速传递，提高知识整合和创新效率。因此，笔者提出以下假设。

假设6：汽车核心企业外部网络密度大有利于知识的整合与创新，对其具有显著的正向影响。

假设6a：汽车核心企业外部网络密度大有利于知识的整合，对其具有显著的正向影响。

假设6b：汽车核心企业外部网络密度大有利于知识的创新，对其具有显著的正向影响。

3. 企业外部网络关系强度与知识整合、知识创新

核心企业外部创新网络的关系强度包括创新主体之间的接触时间、投入资源、合作交流范围及互惠性。在前文的综述中不难看出，关于企业之间的关系强度与创新绩效的研究结论存在分歧。以Granovetter为代表的学者认为，企业之间的弱连接更有助于核心企业获取新知识，进行知识创新；同时一些学者提出企业之间的强连接更有利于创新主体之间显性知识和隐性知识的转移和溢出，进而促进知识的整合和创新，如Kale等在研究中发现，组织间的信任程度越高，越容易巩固组织间的关系状况，越能够促进知识流动和彼此之间的学习。笔者比较认同后面的观点，认为对于汽车核心企业的外部创新网络而言，其主体之间的强关系更有利于核心企业知识（特别是隐性知识）的获取和创新。这是因为汽车的关键组件技术层级比较高，需要主体之间多频次交流和互动才能更好进行知识整合和创新，这在《本田的品质管理与制造》一书中可以充分体现。同时，强关系可以增强企业间的信任，进而使企业愿意将自己的创新技术和知识进行共享。Dyer在研究中指出，日本汽车产业从实践层面证实了信任可以增强关系的稳定性，从而正面影响隐性知识流动和技术创新进行。所以，笔者提出以下假设。

假设7：汽车核心企业外部网络关系强度大有利于知识的整合和创新，对

其具有显著的正向影响。

假设7a：汽车核心企业外部网络关系强度大有利于知识的整合，对其具有显著的正向影响。

假设7b：汽车核心企业外部网络关系强度大有利于知识的创新，对其具有显著的正向影响。

4.2.4 内部创新网络、外部创新网络与知识整合、知识创新

企业内部资源与外部网络的协同会对企业的创新活动成功产生巨大推动作用。Gittell 和 Weiss 提出，企业内的协同可以提高组织间的协同。Paruhcuri 通过对制药企业的研究发现，制药核心企业的外部网络会影响内部网络的动态性。任宗强通过实证分析发现，企业内部网络和外部网络的互补比单个网络更有利于企业创新能力的提高，他认为企业内外网络密切相关，存在互动和互补的关系。汽车核心企业内外创新网络也是如此。首先，外部创新网络对内部创新网络具有正向的影响。汽车核心企业特别是后发型汽车核心企业更为依赖外部创新网络，通过技术搜索、技术购买、研发外包、技术许可及合作研发等手段，从外部网络获取企业所需的技术及其他资源，企业内部对此加以学习、消化、吸收及应用创新，内部网络的技术实力不断增强、内部网络不断完善；同时，企业通过外部管理经验学习，加强内部主体之间的协同创新。其次，内部创新网络对外部创新网络有正向的影响。核心企业利用自己在网络中的优势地位，起到桥梁作用，使创新主体间建立连接，促进信息知识传递，如丰田核心促进外部网络连接的六条途径。同时核心企业会将先进技术在网络中进行传播，提高网络中其他成员的技术能力，如丰田对供应商在生产技术、库存管理上的帮助。最后，汽车核心企业内部创新网络在外部创新网络作用于知识的整合和创新中起着中介作用。如上所述，外部创新网络会成为核心企业丰富知识的宝库，但是核心企业在接受这些知识之后，需要对其进行吸收、消化，并进行进一步加工整合，才能应用到产品的创新中去。如果核心企业内部网络出现故障，没有很好地吸收外部知识，没有将外部知识应用到自己的产品创新中去，那么外部网络资源对核心企业的产品创新的贡献也就非常有限。因此，核心企业内部创新网络在其中起着非常关键的中介作用。总之，汽车核心企业的内外创新网络是以内部创新网络为核

心的资源互补网络，外部网络对内部网络具有重要的正向影响，内部创新网络对外部网络也具有重要的正向影响，内部创新网络在外部创新网络作用于核心企业的知识整合和创新中起着中介作用，内外创新网络都会对产品创新中的知识整合和知识创新产生显著影响。所以笔者提出如下假设。

假设 8：汽车核心企业外部创新网络对内部创新网络具有显著的正向影响。

假设 9：汽车核心企业内部创新网络对外部创新网络具有显著的正向影响。

假设 10：汽车核心企业内部创新网络在外部创新网络作用于知识整合和创新中起着中介作用。

假设 11：汽车核心企业在内外网络作用下，其内外部网络都会对知识整合和知识创新具有显著的正向影响。

假设 11a：汽车核心企业在内外网络作用下，其内部网络对知识整合具有显著的正向影响。

假设 11b：汽车核心企业在内外网络作用下，其内部网络对知识创新具有显著的正向影响。

假设 11c：汽车核心企业在内外网络作用下，其外部网络对知识整合具有显著的正向影响。

假设 11d：汽车核心企业在内外网络作用下，其外部网络对知识创新具有显著的正向影响。

4.2.5　知识整合、知识创新与创新绩效

1. 知识整合与知识创新

知识整合指组织将不同来源、不同载体、不同内容、不同形态的知识重新进行排列组合。而知识创新指企业通过知识管理，在知识获取、处理、共享的基础上不断追求新的发展，探索新的规律，创立新的学说，将知识不断地应用到新的领域并在新的领域不断创新。从知识整合和知识创新的定义可看出，知识整合是知识创新的前提和基础。张庆普和单伟在研究中指出，知识整合是企业通过个人知识和组织知识、隐性知识和显性知识、原有知识和新知识、内部知识和外部知识等多方面整合，让各种知识发生非线性相互作

用，产生放大效应和涌现效应，各种新知识才能不断地被创造出来。知识整合是知识创新的一种内在核心机制。知识整合作为核心机制在实业界也得到应用，如万向集团、东安集团运用知识整合实现了自主创新。汽车核心企业也在其中，特别是后发型核心企业，在模仿创新及集成创新中，知识整合是核心，是核心企业进行知识创新的前提和基础。核心企业只有通过对外部获取的知识进行系统消化、吸收和整合，才能在此基础上创造出新知识、新技术。因此，笔者认为，在汽车核心企业的知识创新中，知识整合对知识创新起着关键性的作用，继而提出如下假设。

假设 12：在汽车核心企业产品创新中，知识整合有利于知识创新，对其具有显著的正向影响。

2. 知识整合与创新绩效

价值创造通过资源交换和整合来完成，所以为了创造新产品，企业就需要重新分配资源，进行对现有知识的整合或者创造新资源。知识整合在产品创新中发挥着关键性的作用，在一定程度上决定着企业的创新绩效。一些研究也得出了相似结论，如 Lansiti 和 West 指出，在竞争越来越激烈的产业中，企业产品创新所需技术往往来不及自行开发，技术学习和整合是企业发展的必然趋势，并且技术整合越好，研发的效率就会越高，所创造产品也就越好。Cohen 和 Levinthal 认为，技术知识系统化的整合能力和内部化的学习机制与产品创新正相关。Sivadas 等指出，企业常常无法达到产品创新的目标，其根本原因之一是知识整合能力不足。因此，笔者认为，在汽车核心企业的产品创新中，创新主体的知识共享和整合能力对产品创新绩效有着正向影响，继而提出如下假设。

假设 13：汽车核心企业研发过程中的知识整合有利于产品创新绩效的提高，对其具有显著的正向影响。

3. 知识创新与创新绩效

企业知识创新包括利用式创新和探索式创新：利用式创新指企业在已有的知识基础上进一步开发和应用，企业可在较短时间内得到回报；探索式创新指对完全新的知识的追求和探索，着眼于未来，可以带来新的盈利和发展机会。已有很多学者指出知识创新是核心企业竞争优势的来源，并揭示了知识创新对创新绩效的重要作用。例如，Chia 认为知识创新为企业提高效率和保持持续竞争优势提供了良好的机会；Droge 等指出知识创新使组织能够以比竞争对手更低的成本和更快的速度开发新产品；曾萍认为企业知识创新过程的加强，可以改善效率和提高生产力，最终实现良好的组织绩效；Jansen 指出企业对知识的利用性能力和探索性能力与产品创新绩效正相关。汽车核心企业的产品创新也是如此，其利用式创新和探索式创新的效率和能力对产品的创新绩效有积极的推动作用，尤其是提高产品创新比例和工艺创新比例，可为企业带来超额利润。继而笔者提出以下假设。

假设 14：汽车核心企业的知识创新有利于创新绩效的提高，对其具有显著的正向影响。

4.3　概念模型构建

综合以上假设，笔者提出两个概念模型，分别是汽车核心企业内外创新网络各个特征变量对创新绩效影响机理概念模型、汽车核心企业内外创新网络相互作用对创新绩效影响机理概念模型（见图 4－2、图 4－3）。其中，前者的主要目的是研究内外创新网络中各个特征变量对创新绩效的作用过程及影响机理，后者的主要目的是研究内外创新网络的相互作用机理及在内外创新网络相互作用下，内外创新网络对创新绩效的影响机理。二者中的 H11、H12 和 H13 是同一个假设，由于假设 10 是中介作用假设，所以没有在概念模型中体现。

4.4　研究方法介绍

潘松挺在实证研究中指出，研究假设的提出仅仅是基于现有知识和经验的理论推导，仅仅完成了研究的第一步。李怀祖认为，要弄清楚这些假设关系的正确与否，变量之间的影响关系到底怎样，以及该假设模型的正确性及适用性，就需要将概念化过程转化为可操作的研究过程，也就是将所要研究的概念转变为在现实中可测度的变量。本研究中，为获取假设关系的分析数据，笔者采用了问卷调查的方法来收集数据，但问卷设计是否科学合理，直

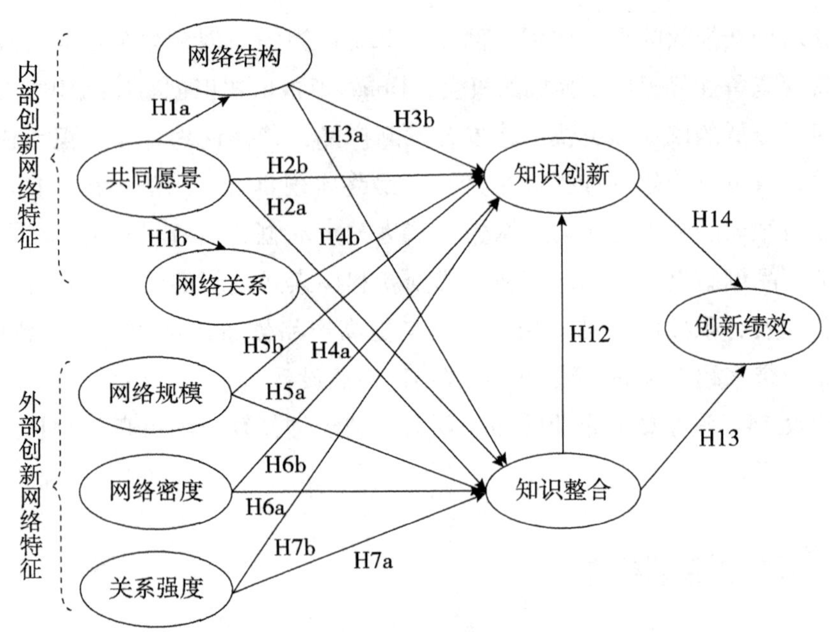

图4-2 汽车核心企业内外创新网络各个特征变量对创新绩效影响机理概念模型

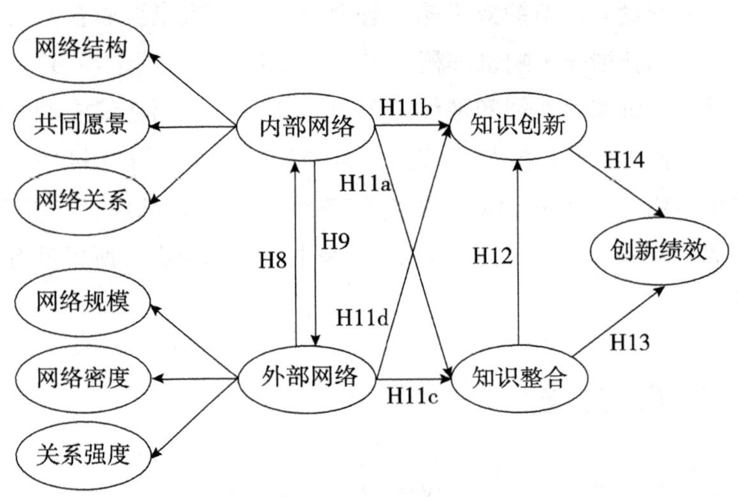

图4-3 汽车核心企业内外创新网络相互作用对创新绩效影响机理概念模型

接关乎收集数据的全面性、合理性和有效性，最后影响到本书的研究结果。因此，在实证分析以前，先介绍问卷设计过程，阐述变量指标的选取及测度过程，说明样本的选择过程和统计分析方法的选择过程。

4.4.1　问卷设计

1. 问卷基本内容

本研究的主要目的是弄清汽车核心企业创新网络如何通过知识整合和知识创新作用于创新绩效，主要包括核心企业内部创新网络、外部创新网络的各个特征变量通过知识整合和知识创新对创新绩效的作用过程，以及内外创新网络相互影响下核心企业创新网络通过知识整合和知识创新对创新绩效的作用过程。基于这样的研究目的及理论假设需要，本书中，用于获取数据的调查问卷包括以下内容：①被调查人及企业的基本情况，所得数据用于分析样本企业的总体情况，为实证分析提供可能的控制变量；②汽车核心企业内部网络的共同愿景、网络结构和网络关系的基本信息，用于分析企业内部创新网络各个特征变量及网络总体的情况；③汽车核心企业外部网络的网络规模、网络密度及网络关系强度的基本信息，用于分析企业外部创新网络各个特征变量及整体网络的基本情况；④汽车核心企业在整车创新中的知识整合和知识创新的基本信息以及汽车核心企业进行整车创新的创新绩效情况。

此外还需说明，在实证研究中，可以选择客观数据，也可使用主观数据。客观数据虽可避免主观偏见，但是信息涵盖的内容毕竟有限，可能会限制研究者对问题的深入研究。而主观数据解决了这个问题，允许研究者根据研究需要，灵活收集更多不同来源和多样化的数据信息。并且一些专家发现，主观数据和客观数据存在高度相关性，甚至主观数据比客观数据表现出更少偏差。由于本章所研究的问题和变量无法运用现成的客观数据去分析，遵循以往学者的思路和建议，笔者运用主观指标对变量进行测度，利用主观数据解决研究问题。

2. 问卷设计过程

问卷设计是实证研究中的一个非常重要的环节，因为其本身的设计质量影响着参与者在填写问卷时的态度和行为，进而影响到所获数据的质量，最终影响到研究结果的可靠性和有效性。为设计出一份较为科学的问卷，以尽可能实现研究结果的可信性和有效性，笔者主要采用以下几种方法。

优先借鉴采用现有量表。关于创新网络的研究已持续多年，其中不乏关于创新网络构成的量表分析内容，这些量表一般具有较高的信度和效度。因此，笔者在设计问卷量表的过程中就尽可能采用以往文献中出现过的问卷题项。

自行设计量表。对于没有可借鉴内容的问卷题项，笔者首先采用大量文献回顾和多次团队讨论的方法初步设计完成问卷题项，然后向汽车企业的管理和技术高层进行征询，对题项做进一步修改，最终形成初稿问卷。

实地进行企业访谈。在问卷设计过程中，笔者有幸对北京现代汽车有限公司、北汽福田汽车股份有限公司的管理和技术高层进行访谈，积累了关于整车创新过程以及内外部网络结构等内容的信息，同时向他们征集了关于问卷题项设计、语言表达等方面的意见，使得量表设计更贴合现实情况。

征询专家及学术团队建议。在问卷设计过程中，笔者主要通过同团队成员交流的方式，征询他们对问卷设计的意见；当问卷初步设计完成后，笔者通过向创新网络领域相关领域专家征询修改意见，对问卷进行了进一步修改和完善。

4.4.2 变量设计与测度指标选取

根据陈晓萍、徐淑英和樊景立对量表设计的建议，变量设计和测度以国内外相关研究中比较成熟的题项为参考，部分题项根据国内外权威文献整理而成，具体说明如下。

1. 内部创新网络特征变量测度

（1）网络结构。

网络结构有利于企业对内部创新资源进行整合利用。Nahapiet 和 Ghoshal 从网络连接、网络结构和组织适配三个方面对企业内部网络结构进行度量。Khoja 用“业务单元之间一起工作”“业务单元内部合作”以及“部门之间相互帮助”的鼓励程度来测量内部网络连接情况。任宗强从员工对创新的积极性等五个方面来测度企业内部网络结构。基于此，本书将从以下四个方面对企业内部网络的网络结构进行测度（见表 4－1）。

表 4－1　　内部网络结构测度

变量	编号	测度题项	来源或依据
网络结构	X11	企业销售、采购等业务部门都积极参与到产品创新中，同各研发部门和生产部门建立交流通道	Nahapiet 和 Ghoshal (1998)；Khoja (2010)；任宗强 (2012)
	X12	各创新部门内部各单元之间建立了交流平台，也同其他部门内的创新单元建立了交流的渠道	
	X13	企业财务、人力、物流等职能部门非常支持创新活动	
	X14	企业的管理制度鼓励内部各单元之间的交流并为之搭建平台	

（2）共同愿景。

组织内部成员的共同愿景在企业创新管理中的作用被学者重视，他们将其作为衡量内部网络效度的一个重要指标，一些学者在实证研究中也尝试对其进行测度。Tsai 和 Ghoshal 从“有同样的理想与愿景”和“对集体目标实现充满激情”两个方面来测量共同愿景。Calantone 从目的共性、一致性、员工目标承诺和参与发展四个方面来测量共同愿景。宋迎春从文化认同度、使命和目标明确性、使命和目标认同度、意见一致性和利益冲突性五个方面测量共同愿景。任宗强从使命和目标明确性、完成任务积极性和主动性、企业战略的分享和落实性三个方面测量共同愿景。参考上述测量题项，本书将从以下三个方面对共同愿景进行测度（见表 4－2）。

表 4－2　　内部网络共同愿景测度

变量	编号	测度题项	来源或依据
共同愿景	X21	企业研发创新人员在工作中有统一的理想和目标	Tsai 和 Ghoshal (1998)；Calantone 等 (2002)；宋迎春 (2010)；任宗强 (2012)
	X22	企业研发创新人员对完成企业使命和目标都充满激情	
	X23	企业研发创新人员在工作中较容易达成比较统一的意见	

（3）网络关系。

企业内部创新主体之间的信任关系对知识的传播和学习有着非常重要的促进作用。Jaworski 和 Kohli 从员工之间非正式交流的机会性、跨部门员工打招呼的自然性、管理的灵活性、员工之间的容易接近性和交谈与职位高低的关联性五个方面对企业内部网络主体之间的关系进行测度。任宗强从内部员工的协同度和非正式联系程度两个方面的八个题项来测量企业内部网络关系。戴勇和朱桂龙从企业内生产部门、研发部门、营销部门之间及部门内部成员的联系频繁程度、密切程度、联系所花费的时间三个因素对网络关系进行测量。综上所述，笔者从以下三个方面对企业内部网络关系进行测度（见表4-3）。

表4-3　内部网络关系测度

变量	编号	测度题项	来源或依据
网络关系	X31	企业研发过程中研发部门、生产部门、销售部门的正式交流非常频繁	Jaworski 和 Kohli（1993）；任宗强（2012）；戴勇和朱桂龙（2011）
	X32	企业研发过程中研发部门、生产部门、销售部门的非正式交流非常频繁	
	X33	企业研发过程中各部门交流的成效显著，互惠性较佳	

2. 外部创新网络特征变量测度

（1）网络规模。

网络规模在一定程度上代表了企业资源的异质性，因此很多学者将其作为衡量企业创新网络效度的一个重要指标。大多数研究用合作伙伴的多样性来测度该指标，Batjargal 用直接与个体联系的本地单位数目来测度网络规模。Jarillo 用企业网络中提供不同资源的关系总数来测度网络规模。王晓娟通过衡量与核心企业有知识交流关系的供应商、客户及同行竞争者的数量来测度核心企业的外部网络规模，上述三类数量之和分布在 7 个区间，即［1，3］、［4，7］、［8，12］、［13，20］、［21，30］、［31，40］、［41，+∞］，分别赋值1~7。陈光学和彭新敏也利用类似的方法，通过测量核心企业同合作伙伴的关系数量来测度核心企业的外部网络规模。其中，陈光学把合作伙伴分为供应商、同行、客户、政府部门、科研院校、行业协会、金融机构以及中介机构八类；彭新敏将合作伙伴分为供应商、客户及其他企业。本书参照上述学者的方法，结合汽车核心企业重要的合作伙伴情况，通过实地访谈，从以下五个方面测度汽车核心企业的外部网络规模（见表 4 -4）。

表 4 -4　外部网络规模测度

变量	编号	测度题项	来源或依据
网络规模	X41	该企业与主要供应商的交流合作数量	Batjargal 和 Liu （2003）；Jarillo （1988）；王晓娟 （2007）；陈光学 （2007）；彭新敏 （2009）
	X42	该企业与销售商的交流合作数量	
	X43	该企业与其他汽车核心企业的交流合作数量	
	X44	该企业与高校及科研机构的交流合作数量	
	X45	该企业与政府、金融机构及中介机构的交流合作数量	

（2） 网络密度。

网络密度是研究核心企业外部创新网络的一个重要指标，学者根据研究需要对其进行测度。李志刚等用八个题项测度了核心企业同外部网络主体的联系密度：问题的前半句都是“相对于园区内同行业企业而言，与贵公司联系的”，问题的后半句是“上游企业更多”“下游企业更多”“同业企业更多”“其他企业更多”“政府机构更多”“科研机构更多”“金融机构更多”“中介机构更多”。彭光顺在研究中采用了李志刚的题项。张晓婧采用了三个题项对核心企业外部网络密度进行测度，分别是“本企业与很多相关组织具有业务往来”“本企业与相关企业之间具有更多的信息沟通和知识交流”“本企业能够较为便利地向相关组织学习，从而提高创新绩效”。参考上述测度标准，结合汽车核心企业的实际情况和专家意见，本书将用以下五个题项来测度汽车核心企业与外部组织的联系密度（见表 4 -5）。

（3） 关系强度。

创新主体间的关系强度是核心企业外部创新网络的一个重要特征，不同的学者采用了不同的测度方法。McEvily 和 Zaheer 用组织间的交互频率来测度；Kraatz 用合作关系持续时间来测度；Uzzi 用信任、信息共享和共同解决问题三个维度来测度；Capaldo 用关系持续时间、合作频率与合作强度来测度。

表4-5　　　　外部网络密度测度

变量	编号	测度题项	来源或依据
网络密度	X51	相对于其他汽车核心企业，与该企业合作交流的供应商数量更多，且每个供应商与该企业其他合作对象联系较多	李志刚（2007）；彭光顺（2010）；张晓婧（2012）
	X52	相对于其他汽车核心企业，与该企业合作交流的销售商数量更多，且每个销售商与该企业其他合作对象联系较多	
	X53	相对于其他汽车核心企业，与该企业合作交流的同行企业数量更多，且每个同行企业与该企业其他合作对象有联系	
	X54	相对于其他汽车核心企业，与该企业合作交流的高校及研究机构数量更多，且每个高校及研究机构与该企业其他合作对象联系较多	
	X55	相对于其他汽车核心企业，与该企业合作交流的政府、金融机构及中介机构数量更多，且它们与该企业其他合作对象联系较多	

在国内的研究中，王晓娟用“核心企业与供应商进行经验、技术交流的频率”“核心企业与客户进行经验、技术交流的频率”来测度关系强度；陈学光用核心企业与供应商、客户、同行、科研院校、相关政府部门、金融机构、行业协会、中介机构之间的交流频率来测度关系强度；潘松挺用接触时间、投入资源、合作交流范围和互惠性四个题项测度关系强度。借鉴上述测度标准，结合汽车核心企业的实际情况和专家建议，本书将从以下五个方面测度汽车核心企业的外部网络关系强度（见表4-6）。

3. 知识整合和知识创新的测度

(1) 知识整合。

关于知识整合的测度，Kogut 和 Zander 及 Boer 等提出从社会化程度、系统化程度和合作化程度三个方面对知识整合进行测度。很多研究者在研究中也采用了该测度方法，从这三个方面设计了多个题项对知识整合进行测度，如简兆权、李贞、章威等。其中章威从组织内外知识整合、组织内部各部门知识整合、不同技术领域知识整合、新掌握知识和原有知识整合、内部组织结构和运营流程调整、外部网络关系调整六个题项对核心企业知识整合进行

表 4-6　　外部网络关系强度测度

变量	编号	测度题项	来源或依据
关系强度	X61	企业与主要供应商合作交流频繁，信息共享程度很高	McEvily 和 Zaheer (1999)；Kraatz (1998)；Uzzi (1997)；王晓娟 (2007)；Capaldo (2007)；陈光学 (2007)
	X62	企业与销售商合作交流频繁，信息共享程度很高	
	X63	企业与其他汽车核心企业合作交流频繁，信息共享程度很高	
	X64	企业与高校及科研机构合作交流频繁，信息共享程度很高	
	X65	企业与政府、金融机构及中介机构合作交流频繁，信息共享程度很高	

测度，该测度方法比较适合本书的研究。本书结合汽车核心企业的实际及专家建议，从以下三个方面测度汽车核心企业知识整合（见表 4-7）。

表 4-7　　知识整合测度

变量	编号	测度题项	来源或依据
知识整合	X71	该企业能够有效整合企业内部知识和企业外部知识	Kogut，Zander（1992）；Boer (1999)；简兆权 (2008)；李贞 (2012)；章威 (2009)
	X72	该企业能够更有效整合企业内不同部门、团队或个人的知识	
	X73	该企业能够更有效整合现有知识和原有知识	

（2）知识创新。

关于核心企业知识创新的测度，大多数学者从知识社会化、知识外部化、知识整合化、知识内部化四个方面对其进行测度，比较注重知识本身的转化过程。而本书研究的是汽车核心企业内部知识创新的方向和质量，因此本书借鉴了胡海青的测度方法，从以下两个方面对汽车核心企业的知识创新进行测度（见表 4-8）。

表4-8 知识创新测度

变量	编号	测度题项	来源或依据
知识创新	X81	与主要竞争对手相比，企业能够对生产工艺或技术进行重大改进	胡海青，李智俊，张道宏（2011）
	X82	与主要竞争对手相比，企业新产品、新工艺开发在行业内有独创性	

4. 创新绩效的测度

鉴于创新过程与产出的复杂性和相异性，目前尚未形成关于创新绩效公认的测度体系，学者们都是根据研究需要从不同侧重点进行测度。例如，Pertusa-ortega从销售增长、就业增长、市场份额增长、税前利润、现金流和投资回报率六个方面对创新绩效进行测度；解学梅用新产品销售收入比、产品创新比例和工艺创新比例三个题项对创新绩效进行测度。本书参考了上述量表，同时根据研究对象的特点，最终从以下三个方面对企业创新绩效进行测度（见表4-9）。

表4-9 创新绩效测度

变量	编号	测度题项	来源或依据
创新绩效	X91	整车产品研发周期在同行业中相对较短	Pertusa-ortega（2010）；解学梅（2010）
	X92	整车产品工艺创新在整体创新中所占比重较大	
	X93	整车产品创新在整体创新中所占比重较大	

4.4.3 数据收集

1. 样本选择

限于区域及条件限制，笔者难以对国外汽车核心企业进行访谈和调研。因此本书以我国自主品牌汽车核心企业、合资品牌汽车核心企业、跨国汽车核心企业为数据源获取数据。虽然我国大部分自主品牌汽车核心企业目前的发展还不能跟世界巨头相抗衡，但是经过近几十年的摸索和快速发展，一些企业已经取得丰硕成果，能够掌握核心的关键组件技术，正在不断被认可。

选取国内这些相对比较成功的汽车核心企业作为访谈和调研对象来研究汽车核心企业创新网络的作用机理是非常有意义的，能够说明一定问题。

为了达到研究目的，获取更为有效的问卷，在选取样本时，要求企业成立五年以上，同时已掌握一些关键组件的核心技术，具有自主研发整车产品的能力。

2. 问卷发放与回收

在上述前提下，本研究依托笔者导师国家自然科学基金项目“基于 CAS 的焦点企业核型结构产业集群创新网络演化机理研究”（70972115）支持及同门师兄等的帮助，在 2010 年 6 月—2011 年 11 月发放和收集了问卷。在此期间，笔者首先通过电话以非常诚恳的态度跟每个核心企业的高管或者专业技术人员取得联系，说明本次问卷调查的目的和重要性，然后通过电子邮件进行问卷调查。鉴于我国汽车核心企业的数量有限，共发放 167 份问卷，回收 82 份，有效问卷 79 份，回收率为 49.1%，有效率为 47.3%。虽然问卷数量不够多，但是也符合实证分析问卷数量的要求。一般认为，对于因果关系模型的参数估计过程，样本量为变量数目的 5 ~ 20 倍即可①。本书的两种模型（见图 4 – 2 和图 4 – 3）的变量数分别为 9 和 11，按照上述标准，本研究有效样本数至少应是 45 和 55，所以 79 份有效问卷是符合样本要求的。同时，由于汽车核心企业的基数本身就很小，79 份有效问卷也很具代表性，能够说明问题。

4.4.4　数据分析工具与方法

规范的问卷设计和数据收集是验证假设的数据基础，而选择合适的数据工具与方法是进一步进行数据挖掘的关键，对研究结论的科学性具有导向性作用。鉴于外部创新网络、内部创新网络、知识整合、知识创新以及创新绩效的数据都具有较强的主观性，难以直接度量，并且度量的误差较大，因果关系也较为复杂，本研究将结合描述性统计分析法和信度与效度分析法，以结构方程模型分析方法为核心，对研究问题进行有序和细致的分析。

---

① 高惠璇，等. SAS 系统：SAS/STAT 软件使用手册［M］. 北京：中国统计出版社，1997.

1. 描述性统计分析法

描述性统计分析一般是对企业整体特征的反映，包括企业性质、被调研对象的职位等，有利于从宏观层面把握企业的基本概况，为进一步分析打下基础。

2. 信度与效度分析法

信度与效度分析是实证研究中必不可少的重要环节，只有满足一定的信度和效度评判标准，实证研究才具有可信性。其中，信度的作用是检验量表的一致性，测量其误差的大小，一般误差越小，信度越高；反之，误差越大，信度越低。在大多数学者看来，信度系数（一般用克隆巴赫信度系数表示）越大越好。在实际运用中，该值超过 0.7 则表明样本数据、指标与变量的一致性较好，该值在 0.5 与 0.7 之间则表明可靠性是可以接受的，而低于 0.35 则应予以舍弃。

效度的主要作用是检验测量工具是否能有效达到测量目的，即估计测量的准确性。效度越高，测量概念的准确度越高。效度分析一般包括内容效度分析和构念效度分析，其中，构念效度主要用来判断观察变量和潜在变量之间的假设关系是否与数据吻合，本研究通过验证性因子分析来实现。

3. 结构方程模型分析方法

在研究中，经常会碰到一些无法直接测量的变量（这里称为潜在变量），研究者通常会找一些可观测的变量来替代这些潜在变量。显然，这些潜在变量的替代变量不免总会包含测量误差，但是这在传统的多元回归研究中是行不通的。多元回归有严格的限制条件，要求自变量和因变量均可测，并且不存在测量误差，才能估计出回归系数，因此难以处理社会研究中存在的测量误差问题。而结构方程模型解决了该难题，其不但允许自变量和因变量存在测量误差，还可以分析潜在变量之间的结构关系，特别是可以接受潜在变量之间存在相关关系，避免了在多元回归分析中难以处理的多重共线性问题。因此，在社会科学研究中，结构方程模型是对多元回归研究的补充，具有较强的优势，是一种已被广泛应用的数据分析方法 。本研究采用结构方程模型分析方法检验模型。

4.5 描述性统计和信度与效度分析

4.5.1 描述性统计分析

通过问卷发放、回收与选择，最终从 82 份问卷中获取了 79 份有效问卷，为了反映这些样本的总体分布特征，本书将从企业成立年限分布、企业类型分布和企业调研对象职位分布三个方面进行描述性统计分析，结果如下。

1. 样本企业成立年限分布

由于本研究的需要，在回收样本中选取成立 5 年以上的企业作为样本。从表 4－10 中可以看出，样本汽车核心企业成立年限在 20 年以上的居多，有 39 家，占总样本数的 49.4%；成立年限在 16～20 年的有 21 家，占总样本数的 26.6%；成立年限在 11～15 年的有 16 家，占总样本数的 20.3%；成立年限在 10 年以下的仅有 3 家，占总样本数的 3.8%。此样本分布比较符合本书的研究要求，因为本书的研究目的是分析汽车核心企业内外创新网络对创新绩效的影响机理，需要发展比较稳定、比较成熟的企业，这样的企业的研发创新体系更为成熟，能使本书的研究结果更有可信度和说服力。

表 4－10 企业成立年限分布

		数量（家）	百分比（%）	有效百分比（%）	累积百分比（%）
有效	10 年以下	3	3.8	3.8	3.8
	11～15 年	16	20.3	20.3	24.1
	16～20 年	21	26.6	26.6	50.7
	20 年以上	39	49.4	49.4	100.1

2. 样本企业类型分布

本研究选取的样本不仅包括轿车企业，还包括大型客车和重型载货车企业，其类型分布如表 4－11 所示。从表 4－11 中可以看出，样本以轿车企业为主要组成部分，有 66 家，占总样本数的 83.5%；其次是大型客车企业，有 7 家，占总样本数的 8.9%；最后为重型载货车企业，有 6 家，占总样本数的

7.6%。该样本分布也比较符合本书的研究要求，因为本书的主要研究对象为汽车核心企业，其主要代表是轿车企业。

表 4-11　　样本企业的类型分布

		数量（家）	百分比（%）	有效百分比（%）	累积百分比（%）
有效	大型客车	7	8.9	8.9	8.9
	重型载货	6	7.6	7.6	16.5
	轿车	66	83.5	83.5	100.0

3. 调研对象职位分布

调研对象的职位分布如表 4-12 所示，调研对象为高层和中层管理人员的企业占据了很大比重，分别有 11 家和 47 家，分别占总样本数的 13.9% 和 59.5%；调研对象为基层管理人员的企业有 16 家，占总样本数的 20.3%；调研对象为技术人员的企业有 5 家，占总样本数的 6.3%。该样本分布也较为符合本书的研究要求，因为中高层管理人员能够掌握更多关于企业整体发展的基本信息，其填写的问卷更能有效反映出企业内外创新网络运行情况及绩效。

表 4-12　　调研对象职位分布

		数量（家）	百分比（%）	有效百分比（%）	累积百分比（%）
有效	技术人员	5	6.3	6.3	6.3
	基层管理人员	16	20.3	20.3	26.6
	中层管理人员	47	59.5	59.5	86.1
	高层管理人员	11	13.9	13.9	100.0

4.5.2 信度与效度分析

1. 信度分析

如上所述，在评价和检验模型之前，应该先对所得数据进行信度分析，也叫可靠性分析。本书应用统计分析软件 SPSS18.0 中的可靠性分析功能对所获数据进行信度检验，结果如表 4-13、表 4-14、表 4-15 所示。按照 Cronbach's Alpha（克隆巴赫信度系数）的一般原理，若该值大于 0.7 则表示信度相当高，代表了数据具有较高的研究价值；若该值介于 0.7 至 0.5 之间则表示可信，处于基本可信的阶段；若该值处于 0.5 至 0.35 之间则表示尚可接受。从核心企业内部创新网络各题项信度检验，核心企业外部创新网络各题项信度检验，核心企业知识整合、知识创新及创新绩效各题项信度检验中可以看出，变量的信度大都大于 0.7，极少数在 0.6 和 0.7 之间，这说明了本次实证研究的数据可信，可以进行下一步的研究。

表 4－13　　核心企业内部创新网络各题项信度检验

变量	编号	测量题项	题项—总体相关系数	克隆巴赫信度系数
网络结构	X11	企业销售、采购等业务部门都积极参与到产品创新中，同各研发部门和生产部门建立交流通道	0.665	0.833
	X12	各创新部门内部各单元之间建立了交流平台，也同其他部门内的创新单元建立了交流的渠道	0.777	
	X13	企业财务、人力、物流等职能部门非常支持创新活动	0.682	
	X14	企业的管理制度鼓励内部各单元之间的交流并为之搭建平台	0.815	
共同愿景	X21	企业研发创新人员在工作中有较统一的理想和目标	0.727	0.818
	X22	企业研发创新人员对完成企业使命和目标都充满激情	0.630	
	X23	企业研发创新人员在工作中较容易达成比较统一的意见	0.746	
网络关系	X31	企业研发过程中研发部门、生产部门、销售部门的正式交流非常频繁	0.734	0.762
	X32	企业研发过程中研发部门、生产部门、销售部门的非正式交流非常频繁	0.626	
	X33	企业研发过程中各部门交流的成效显著，互惠性较佳	0.713	

表 4 -14　　核心企业外部创新网络各题项信度检验

变量	编号	测量题项	题项—总体相关系数	克隆巴赫信度系数
网络规模	X41	该企业与主要供应商的交流合作数量	0.771	0.826
	X42	该企业与销售商的交流合作数量	0.745	
	X43	该企业与其他汽车核心企业的交流合作数量	0.811	
	X44	该企业与高校及科研机构的交流合作数量	0.733	
	X45	该企业与政府、金融机构及中介机构的交流合作数量	0.691	
网络密度	X51	相对于其他汽车核心企业，与该企业合作交流的供应商数量更多，且每个供应商与该企业其他合作对象联系较多	0.642	0.722
	X52	相对于其他汽车核心企业，与该企业合作交流的销售商数量更多，且每个销售商与该企业其他合作对象联系较多	0.661	
	X53	相对于其他汽车核心企业，与该企业合作交流的同行企业数量更多，且每个同行企业与该企业其他合作对象有联系	0.705	
	X54	相对于其他汽车核心企业，与该企业合作交流的高校及研究机构数量更多，且每个高校及研究机构与该企业合作对象联系较多	0.719	
	X55	相对于其他汽车核心企业，与该企业合作交流的政府、金融机构及中介机构数量更多，且它们与该企业其他合作对象联系较多	0.809	
关系强度	X61	企业与主要供应商合作交流频繁，信息共享程度很高	0.785	0.803
	X62	企业与销售商合作交流频繁，信息共享程度很高	0.727	
	X63	企业与其他汽车核心企业合作交流频繁，信息共享程度很高	0.636	
	X64	企业与高校及科研机构合作交流频繁，信息共享程度很高	0.751	
	X65	企业与政府、金融机构及中介机构合作交流频繁，信息共享程度很高	0.754	

表 4 - 15　核心企业知识整合、知识创新及创新绩效各题项信度检验

变量	编号	测量题项	题项—总体相关系数	克隆巴赫信度系数
知识整合	X71	该企业能够有效整合企业内部知识和企业外部知识	0.714	0.789
	X72	该企业能够更有效整合企业内不同部门、团队或个人的知识	0.709	
	X73	该企业能够更有效整合现有知识和原有知识	0.727	
知识创新	X81	与主要竞争对手相比，企业能够对生产工艺或技术进行重大改进	0.648	0.775
	X82	与主要竞争对手相比，企业新产品、新工艺开发在行业内有独创性	0.719	
创新绩效	X91	整车产品研发周期在同行业中相对较短	0.817	0.847
	X92	整车产品工艺创新在整体创新中所占比重较大	0.766	
	X93	整车产品创新在整体创新中所占比重较大	0.828	

2. 效度分析

效度分析是评价量表合理性的一项要求，包括内容效度分析和结构效度分析。鉴于本书量表中各题项内容设计主要以国内外文献为基础，并结合中国汽车核心企业实际情况，经过专家修改和检查而成，其具有较好的内容效度。结构效度的检验可通过多种方法实现。本书利用 Amos17.0 软件通过验证性因子分析来评价结构效度。但是由于样本数量相当有限，笔者采纳了 Sethia 和 Carrahe 的建议，采用有限信息的分析方式，将研究模型分割为较小的测量模型，分别进行检验，以确保结构效度具有足够的稳定性。本书将研究模型分为四个小模型，分别为内部创新网络二阶因子模型、外部创新网络二阶因子模型、知识整合和知识创新一阶因子模型及创新绩效一阶因子模型。各题项的负荷系数大于 0.5，检验统计量（临界化）*C. R.* 值大于 1.96，统计检验相伴概率 P 小于 0.01，且满足拟合指数的评价标准（见表 4 - 16），说明 99% 的置信度下（$P < 0.01$）测量模型具有比较好的结构效度，具体分析如下。

表 4 - 16　　验证性因子分析的拟合指数评价标准

拟合指数	卡方值/自由度	*CFI*	*NFI*	*NNFI*	*RMSEA*	*GFI*	*SRMR*
参考标准	<5（<2 更佳）	>0.9	>0.9	>0.9	<0.08	<0.9	<0.08

（1）内部创新网络二阶因子模型。

内部创新网络二阶因子模型的测量结果如表 4 - 17 所示，在 99% 的置信度下，所有因子负荷系数具有统计显著性，*C. R.* 值均大于 1.96，说明整体模型的结构效度较好。同时，在拟合指数中，卡方值/自由度小于 5；*CFI*、*NFI* 和 *NNFI* 均大于 0.9；*RMSEA* 小于 0.08；*GFI* 小于 0.9，均达到了参考标准，*SRMR* 没有达到标准，但十分接近，说明该测量模型和数据具有较好的拟合度，证明了内部创新网络二阶因子模型有效，内部网络能够作为一阶因子（网络结构、共同愿景和网络关系）的高阶因子。

表 4 - 17　　内部创新网络二阶因子模型题项与变量的负荷系数

题项		变量	*Estimate*	*S. E.*	*C. R.*	*P*	负荷系数
网络结构	←	内部网络	1.000				0.879
共同愿景	←	内部网络	0 .889	0.087	10.182	***	0.591
网络关系	←	内部网络	1.016	0.093	10.898	***	0.763
X11	←	网络结构	1.000				0.897
X12	←	网络结构	1.241	0.083	14.906	***	0.892
X13	←	网络结构	0.896	0.099	9.045	***	0.608
X14	←	网络结构	1.034	0.091	11.339	***	0.771
X21	←	共同愿景	1.000				0.843
X22	←	共同愿景	0.787	0.089	8.851	***	0.758
X23	←	共同愿景	1.012	0.102	9.874	***	0.824
X31	←	网络关系	1.000				0.852
X32	←	网络关系	0.947	0.086	10.995	***	0.833
X33	←	网络关系	0.762	0.095	8.022	***	0.692
卡方值/自由度 = 2.45，*CFI* = 0.921，*NFI* = 0.971，*NNFI* = 0.954，*RMSEA* = 0.078，*GFI* = 0.789，*SRMR* = 0.081							

注：因子负荷为标准化值；*** 表示 $P<0.01$。

（2）外部创新网络二阶因子模型。

外部创新网络二阶因子模型的测量结果如表4－18所示，在99%的置信度下，所有因子负荷系数具有统计显著性，*C. R.* 值均大于1.96，说明整体模型的结构效度较好。同时，在拟合指数中，卡方值/自由度小于5；*CFI*、*NFI* 和 *NNFI* 均大于0.9；*RMSEA* 和 *SRMR* 小于0.08；*GFI* 小于0.9，均达到了参考标准，说明该测量模型和数据具有较好的拟合度，证明了外部创新网络二阶因子模型有效，外部网络能够作为一阶因子（网络规模、网络密度和关系强度）的二阶因子。

表4－18　外部创新网络二阶因子模型题项与变量的负荷系数

题项		变量	*Estimate*	*S. E.*	*C. R.*	*P*	负荷系数
网络规模	←	外部网络	1.000				0.723
网络密度	←	外部网络	1.466	0.103	14.274	***	0.841
关系强度	←	外部网络	1.597	0.099	16.213	***	0.928
X41	←	网络规模	1.000				0.897
X42	←	网络规模	0.892	0.089	10.011	***	0.637
X43	←	网络规模	0.894	0.089	10.018	***	0.646
X44	←	网络规模	0.749	0.094	7.977	***	0.513
X45	←	网络规模	0.521	0.099	5.282	***	0.429
X51	←	网络密度	1.000				0.916
X52	←	网络密度	0.534	0.066	8.014	***	0.594
X53	←	网络密度	0.506	0.065	7.783	***	0.524
X54	←	网络密度	0.984	0.098	10.024	***	0.851
X55	←	网络密度	0.787	0.093	8.457	***	0.628
X61	←	关系强度	1.000				0.894
X62	←	关系强度	1.013	0.641	10.126	***	0.848
X63	←	关系强度	0.994	0.093	10.675	***	0.863
X64	←	关系强度	1.232	0.104	11.897	***	0.904
X65	←	关系强度	0.694	0.096	7.212	***	0.682

卡方值/自由度＝3.05，*CFI*＝0.913，*NFI*＝0.908，*NNFI*＝0.916，*RMSEA*＝0.075，*GFI*＝0.897，*SRMR*＝0.078

注：因子负荷为标准化值；*** 表示 $P<0.01$。

（3）知识整合和知识创新一阶因子模型。

知识整合和知识创新的一阶因子模型验证性因子分析结果如表 4-19 所示，其在 99% 的置信度下，所有因子负荷系数具有统计显著性，*C. R.* 值均大于 1.96，说明整体模型的结构效度较好。同时，在拟合指数中，卡方值/自由度小于 5；*CFI*、*NFI* 和 *NNFI* 均大于 0.9；*RMSEA* 和 *SRMR* 小于 0.08；*GFI* 小于 0.9，均达到了参考标准，说明知识整合与知识创新的一阶因子模型是有效的。

表 4-19　知识整合和知识创新一阶因子模型题项与变量的负荷系数

题项		变量	*Estimate*	*S. E.*	*C. R.*	*P*	负荷系数
X71	←	知识整合	1.000				0.874
X72	←	知识整合	1.023	0.100	10.276	***	0.843
X73	←	知识整合	0.851	0.102	8.314	***	0.729
X81	←	知识创新	1.000				0.891
X82	←	知识创新	0.629	0.061	10.373	***	0.514
卡方值/自由度 =2.71，*CFI* =0.968，*NFI* =0.972，*NNFI* =0.976，*RMSEA* =0.041，*GFI* =0.612，*SRMR* =0.056							

注：因子负荷为标准化值；*** 表示 $P<0.01$。

（4）创新绩效一阶因子模型。

创新绩效一阶因子模型的测量结果如表 4-20 所示，在 99% 的置信度下，所有因子负荷系数具有统计显著性，*C. R.* 值均大于 1.96，其各拟合指数也都达到了参考标准，说明该测量模型基本符合要求，具有较好的效度。

表 4-20　创新绩效一阶因子模型题项与变量的负荷系数

题项		变量	*Estimate*	*S. E.*	*C. R.*	*P*	负荷系数
X91	←	创新绩效	1.000				0.882
X92	←	创新绩效	1.016	0.109	9.290	***	0.744
X93	←	创新绩效	0.788	0.103	7.685	***	0.557
卡方值/自由度 =2.84，*CFI* =0.921，*NFI* =0.929，*NNFI* =0.917，*RMSEA* =0.077，*GFI* =0.674，*SRMR* =0.068							

注：因子负荷为标准化值；*** 表示 $P<0.01$。

4.6　结构方程模型验证分析

以上信度分析和验证性因子分析，证明了本研究量表的信度和效度，表明可以进行下一步的整体模型拟合检验，本书通过 Amos17.0 对前文提出的两个概念模型进行结构方程模型拟合检验，并对其结果进行了分析。

4.6.1　汽车核心企业内外创新网络各个特征变量对创新绩效影响机理概念模型验证

对于此概念模型的检验，笔者构建了一阶因子结构方程模型，通过在 Amos17.0 中进行运行及修正，最终得出图 4－4 和表 4－21 的验证结果，其拟合指数中，卡方值/自由度＝1.97，*CFI*＝0.951，*NFI*＝0.948，*NNFI*＝0.939，*RMSEA*＝0.074，*GFI*＝0.914，*SRMR*＝0.062。通过与表 4－16 的拟合指数参考标准比较发现，这些拟合指数中除 *GFI* 稍微不符合要求外，其他指标都非常理想，但是 *GFI* 也非常接近 0.9，在可以接受的范围之内，所以本模型适配度可以接受，可以进行下一步的验证分析。

表 4－21　汽车核心企业内外创新网络各个特征变量对创新绩效影响机理概念模型的参数估计和假设检验

假设	变量关系	路径系数	*P*	检验
H1a	共同愿景→网络结构	0.562	***	成立
H1b	共同愿景→网络关系	0.521	***	成立
H2a	共同愿景→知识整合	0.112	*	成立
H2b	共同愿景→知识创新	0.053	0.065	不成立
H3a	网络结构→知识整合	0.653	***	成立
H3b	网络结构→知识创新	0.427	***	成立
H4a	网络关系→知识整合	0.673	***	成立
H4b	网络关系→知识创新	0.371	***	成立
H5a	网络规模→知识整合	0.245	***	成立
H5b	网络规模→知识创新	0.074	0.071	不成立
H6a	网络密度→知识整合	0.468	***	成立
H6b	网络密度→知识创新	0.214	***	成立
H7a	关系强度→知识整合	0.537	***	成立

续 表

假设	变量关系	路径系数	P	检验
H7b	关系强度→知识创新	0.248	***	成立
H12	知识整合→知识创新	0.711	***	成立
H13	知识整合→创新绩效	0.596	***	成立
H14	知识创新→创新绩效	0.675	***	成立

注：*** 表示在 $P<0.001$ 不显著，** 表示在 $P<0.01$ 不显著，* 表示在 $P<0.05$ 不显著。

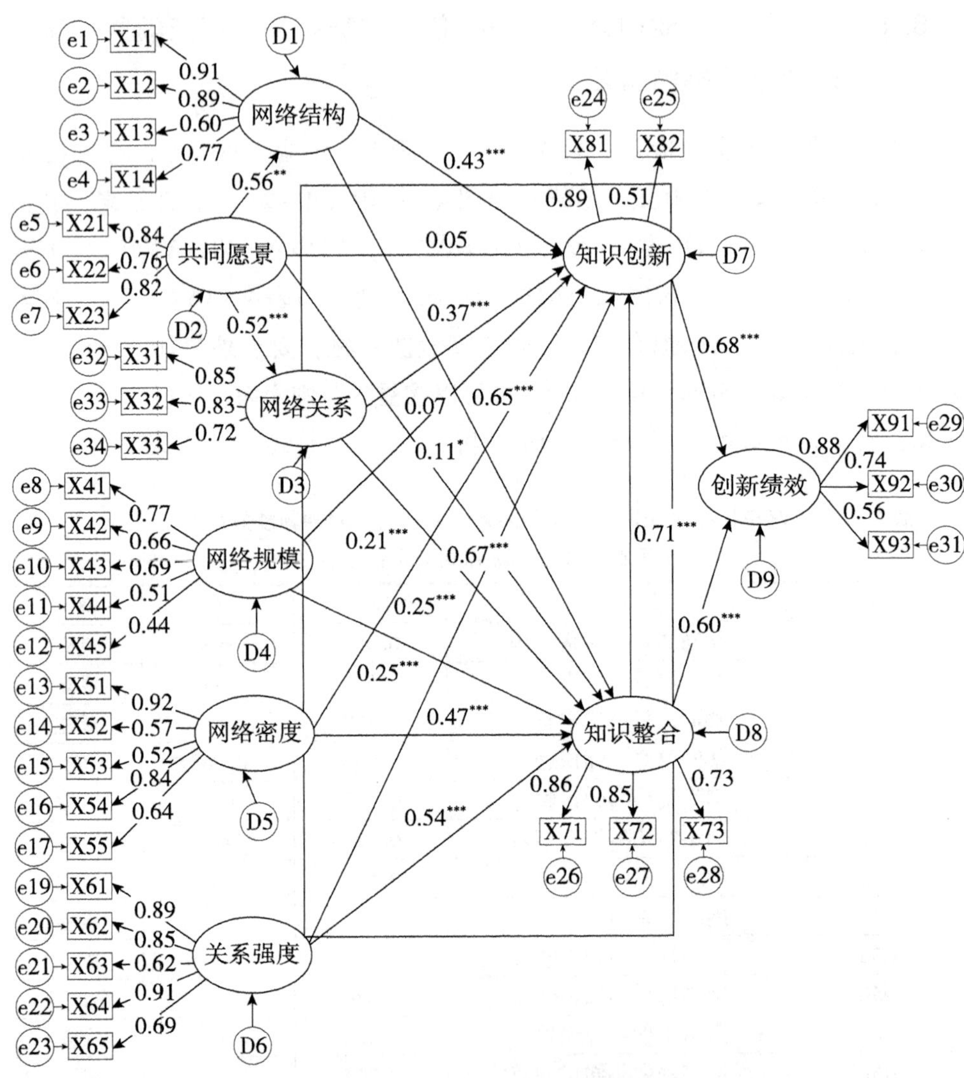

图 4-4 汽车核心企业内外创新网络各个特征变量对创新绩效影响机理概念模型的验证结果

首先，从图 4 - 4 和表 4 - 21 中可以看出，内部创新网络中共同愿景对网络结构和网络关系的路径系数为 0.562 和 0.521，在 $P<0.001$ 下显著，但是网络愿景对知识整合和知识创新的路径系数却并不理想，分别为 0.112（在 $P<0.05$ 不显著）和 0.053（不显著），这说明内部创新网络中共同愿景对知识整合和创新的直接作用并不是很明显，共同愿景通过影响内部创新主体的网络结构和网络关系间接作用于创新绩效，可以说内部创新主体的共同愿景在内部创新网络中起着基础性的推动作用，所以总假设 1 成立，总假设 2 部分成立。内部创新网络中网络结构对知识整合和知识创新的路径系数为 0.653 和 0.427，在 $P<0.001$ 下显著，说明内部创新网络各创新单元间的联系结构有助于整车创新中的知识整合和知识创新，所以总假设 3 成立。内部创新网络中网络关系对知识整合和知识创新的路径系数为 0.673 和 0.371，在 $P<0.001$ 下显著，说明内部创新网络各创新单元间的关系强度有利于整车创新中的知识整合和知识创新，所以总假设 4 成立。

其次，从图 4 - 4 和表 4 - 21 中可以看出，外部创新网络的网络规模对知识整合和知识创新的路径系数为 0.245（在 $P<0.001$ 不显著）和 0.074（不显著），这说明了汽车核心企业外部创新网络的网络规模对整车创新的知识整合很有帮助，但是对知识创新的帮助却不大，作用不是很明显，所以总假设 5 部分成立。外部创新网络的网络密度对知识整合和知识创新的路径系数为 0.468 和 0.214，在 $P<0.001$ 下显著，说明汽车核心企业外部创新网络主体间的紧密联系有利于整车创新中的知识整合和知识创新，所以总假设 6 成立。外部创新网络主体间的关系强度对知识整合和知识创新的路径系数为 0.537 和 0.248，在 $P<0.001$ 下显著，说明汽车核心企业外部创新网络主体间的关系强度对整车创新的知识整合和知识创新很有帮助，对其影响较为显著，所以总假设 7 成立。

最后，从图 4 - 4 和表 4 - 21 中可以看出，整车创新中的知识整合对知识创新的路径系数为 0.711，在 $P<0.001$ 下显著，说明整车创新中，知识整合对知识创新的影响特别大，所以假设 12 成立。整车创新中知识整合和知识创新对创新绩效的路径系数为 0.596 和 0.675，在 $P<0.001$ 下显著，表明知识整合和知识创新对创新绩效的影响都很明显，所以假设 13 和假设 14 成立。

4.6.2 汽车核心企业内外创新网络相互作用对创新绩效影响机理概念模型验证

对于此概念模型的检验，笔者构建了二阶因子结构方程模型，通过在 Amos17.0 中进行运行及修正，最终得出图 4－5 和表 4－22 的验证结果，其拟合指数中，卡方值/自由度＝2.46，*CFI*＝0.962，*NFI*＝0.935，*NNFI*＝0.941，*RMSEA*＝0.043，*GFI*＝0.769，*SRMR*＝0.057。通过表 4－17 的拟合指数参考标准比较发现，这些拟合指数都符合参考标准的要求，所以本模型适配度可以接受，可以进行下一步的验证分析。

表 4－22　汽车核心企业内外创新网络相互作用对创新绩效的影响机理概念模型的参数估计和假设检验

假设	变量关系	路径系数	P	检验
H8	外部创新网络→内部创新网络	0.558	***	成立
H9	内部创新网络→外部创新网络	0.133	**	成立
H11a	内部创新网络→知识整合	0.614	***	成立
H11b	内部创新网络→知识创新	0.422	***	成立
H11c	外部创新网络→知识整合	0.238	***	成立
H11d	外部创新网络→知识创新	0.106	*	成立
H12	知识整合→知识创新	0.725	***	成立
H13	知识整合→创新绩效	0.609	***	成立
H14	知识创新→创新绩效	0.713	***	成立

注：*** 表示在 $P<0.001$ 下显著，** 表示在 $P<0.01$ 下显著，* 表示在 $P<0.05$ 下显著。

首先，从图 4－5 和表 4－22 中可以看出，外部创新网络对内部创新网络的路径系数为 0.558，在 $P<0.001$ 下显著，说明汽车核心企业外部创新网络整体对内部创新网络整体具有显著的影响，所以假设 8 成立。内部创新网络对外部创新网络的路径系数为 0.133，在 $P<0.01$ 下显著，说明汽车核心企业内部创新网络会对外部创新网络产生一定影响，所以假设 9 成立。内部创新

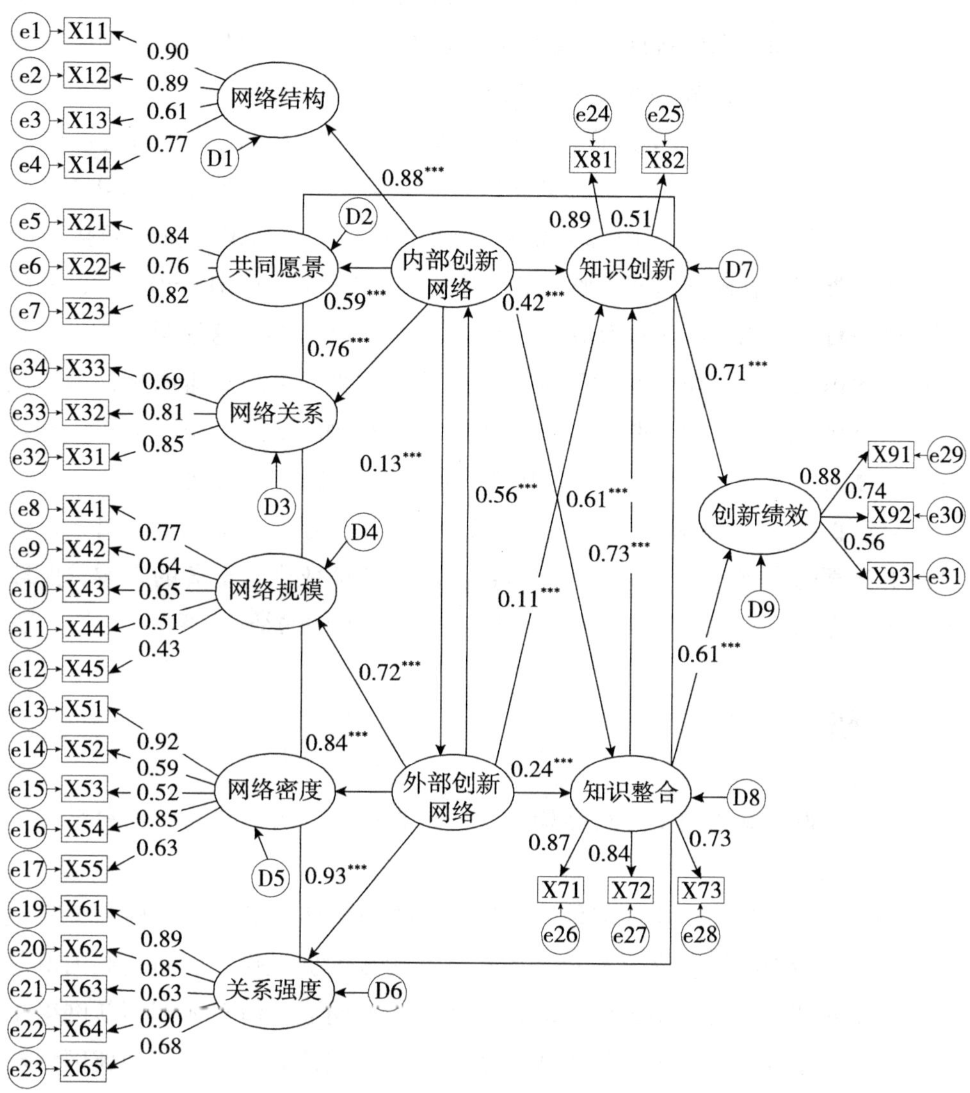

图 4-5　汽车核心企业内外创新网络相互作用对创新绩效的影响机理概念模型的验证结果

网络对知识整合和知识创新的路径系数为 0.614 和 0.422，在 $P<0.001$ 下显著，说明汽车核心企业内部创新网络的整体效度会直接影响到整车创新中的知识整合和知识创新，并且影响度较大，所以假设 11a 和 11b 成立。外部创新网络对知识整合和知识创新的路径系数为 0.238（在 $P<0.001$ 下显著）和

0.106（在 $P<0.05$ 下显著），说明汽车核心企业的外部创新网络对整车创新中的知识整合和知识创新具有一定的直接影响，所以假设 11c 和 11d 成立。

其次，通过上述路径系数可以算出内部创新网络、外部创新网络对知识整合和知识创新的间接效应。其中内部创新网络对知识整合的间接效应为 $0.133\times0.238\approx0.032$，内部创新网络对知识创新的间接效应为 $0.133\times0.106\approx0.014$，这说明了内部创新网络对知识整合和知识创新的间接影响非常小。外部创新网络对知识整合的间接效应为 $0.558\times0.614\approx0.343$，外部创新网络对知识创新的间接效应为 $0.558\times0.422\approx0.235$，这说明了外部创新网络对知识整合和知识创新的间接影响比较大，要大于其对知识整合和知识创新的直接效应，进而说明了内部创新网络在外部创新网络作用于知识整合和知识创新的过程中起着比较大的中介作用，所以假设 10 成立。

最后，从图 4-5 和表 4-22 中可以看出，整车创新中知识整合对知识创新具有显著的影响，知识整合和知识创新对创新绩效也有显著的影响，所以假设 12、假设 13 和假设 14 都成立，同前一种模型中的结论一致。

4.7 研究结论

上文对两种观念模型进行结构方程模型检验，笔者将研究结论总结为以下几个方面。

第一，汽车核心企业内部创新网络中，创新主体间的关系结构和关系强度对整车创新中的知识整合和知识创新具有明显的促进作用，而企业内部的共同愿景对知识整合和知识创新的直接作用却不明显，但对内部创新网络主体间的联系结构和关系维护的直接作用比较大，在核心企业内部创新网络对创新绩效作用中起着基础性的推动作用。这表明汽车核心企业要想提高内部创新网络的效率，首先要树立共同愿景，促使内部创新网络各主体具有共同的奋斗目标和使命感，对自主创新及创新中的合作达成共识；其次要创造各种平台和机会促使内部各创新部门之间沟通和交流，使信息畅通、交流顺畅。该研究结论同 Sitkin 和 Roth，李燕华，Tsai 和 Ghoshal 等的研究结论一致。其中 Sitkin 和 Roth 认为，企业内部成员之间的信任关系是根植于共同愿景之中的。李燕华认为，当企业内部网络中共同愿景形成时，网络中的人员会对如何同其他成员进行互动产生共识，这有利于内部成员建立连接关系进行想法和意见的交换。Tsai 和 Ghoshal 认为，企业内部共同愿景与网络关系和网络结构都呈显著的正相关关系。

第二，汽车核心企业外部创新网络中的网络规模对整车创新中的知识收集和整合具有明显的促进作用，但是对整车创新中的知识创新作用并不明显，而外部网络密度和关系强度对整车创新中的知识整合和知识创新都有比较明显的促进作用，并且关系强度的作用要明显于网络密度的作用。这表明汽车核心企业在创新过程中仅仅注重扩大网络规模来提高创新绩效是不可靠的，应该以核心企业作为桥梁，增强网络中成员的连接，更应注重培养同外部主体间的关系，形成信任、互惠的强关系，只有这样才可能达到核心企业实行开放性创新的目的。该研究结论支持了 Zahra 等、Rost、Ahuja、Dyer 等的类似观点，其中 Zahra 等提出合作伙伴的规模增大增强了网络的多样性和知识异质性，进而增加了核心企业知识整合的可能性，Rost 和 Ahuja 强调了较高的网络密度对知识整合和创新的显著作用，Dyer 通过案例分析说明了核心企业和外部创新主体之间的稳定强关系对知识的整合和创新有着突出的作用。本书在此基础上，进行了进一步延伸，得出了网络规模、网络密度及网络关系在知识整合和知识创新中的重要程度是不同的，并提出了网络规模对知识创新并没有显著作用。

第三，汽车核心企业内部创新网络和外部创新网络之间是相互影响和相互作用的，外部创新网络对整车创新中知识整合和知识创新的直接作用较小，特别是对知识创新的直接作用较小，其主要通过内部创新网络作用于整车创新中的知识整合和创新，内部创新网络起着非常关键的中介作用。这表明汽车核心企业在利用外部创新资源进行创新时，要注重内部各主体的参与性，及对内部网络结构、网络关系和网络主体技能的培养，否则即使优越的外部创新网络资源也不能很好地为本企业所用。该研究结论支持了 Gittell、Paruchuri 和任宗强的观点，Gittell 等提出了组织内部网络的协同可以促进组织与外边组织的协同，Paruchuri 研究得出外部合作网络会影响企业内部合作创新的动态性，任宗强在此基础上认为核心企业内外创新网络是相互影响和互补的。本书在基础上进行了进一步延伸，提出了外部创新网络在整车创新中，主要通过内部网络间接作用于知识整合和创新，对知识整合和创新的直接作用较小；内部创新网络在整车创新中发挥着重要的核心作用，在外部创新网络作用于知识整合和创新中起着重要的中介作用，而对外部创新网络的直接影响没有预先想象中那么明显。

4.8 本章小结

本章基于社会资本理论和知识创新理论，按照网络特征变量—知识整合/知识创造—创新绩效这样的逻辑思路进行研究。第一，从内外创新网络两个层次构建了汽车核心企业创新网络通过知识整合和知识创新作用于创新绩效的研究框架。第二，基于该研究框架，通过理论分析，提出了关于汽车核心企业创新网络对创新绩效作用机理的研究假设，并基于这些假设提出了汽车核心企业创新网络对创新绩效作用机理的两个概念模型。第三，根据实证研究步骤，基于前人的研究，选择合适的题项对概念模型中的每个变量进行测度，并论述了问卷设计、样本选取及问卷回收的过程。第四，对样本数据进行了描述性统计分析、信度分析和效度分析（验证性因子分析），保证了样本数据的可靠性和有效性。第五，基于概念模型建构了两个结构方程模型，对研究假设进行验证检验，发现了汽车核心企业创新过程中，内部创新网络中的共同愿景对创新绩效的直接作用不是特别显著，外部创新网络规模对核心企业创新绩效的直接影响作用并不显著。同时通过比较模型中的路径系数，发现了外部创新网络中关系强度的作用明显比网络密度和网络规模的作用大，外部创新网络整体对创新绩效的间接作用也要远远大于其直接作用，内部创新网络具有核心性和中介作用，内部创新网络整体对创新绩效的间接作用不显著。这些研究结论都进一步明确了汽车核心企业创新网络对创新绩效的影响机理，对已有研究进行了进一步拓展，为我国汽车核心企业深入、有效管理内外创新网络提供了一定的理论依据。

第5章　汽车核心企业创新网络对创新绩效的作用规律研究

第4章的研究明确了汽车核心企业内外创新网络对创新绩效的影响机理，那么基于该机理，内外创新网络对核心企业作用大小是演化的还是不变的？之前的研究较少涉及此内容。之前的研究几乎始终假设企业处于静态，并非发展变化的，并且大多研究假设核心企业是一个整体节点，较少将其内部创新网络考虑到创新网络研究中去。此外，汽车核心企业的内外创新网络之间的作用机制是什么，在企业发展过程中该机制是如何演化的，前人也较少从这一视角去研究。任宗强在研究中，依据演化经济学理论衍生的组织内部与外部的变异选择与维持的动态性提出，核心企业外部网络和内部网络在不同发展阶段是互相促进、共同演化的，这样相互促进、共同演化的关系进一步促进了核心企业的创新。Rose - Anderssen 认为，在演化中，核心企业开放度和内部要素参与度都不断增加，内部要素参与创新程度逐渐加深，与此同时，企业外部网络也逐渐扩展，进而形成了一个复杂自适应系统。基于此，本书在前人研究的基础上，从动态演化角度研究了汽车核心企业成长过程中，内外创新网络的相互作用机制及对创新绩效作用的演化规律（这里统称为创新网络作用规律）。本章通过严密理论推演，论述了在内外创新网络相互作用下的汽车核心企业成长过程，提出了内外创新网络相互作用机制和对创新绩效作用规律的理论模型，在此基础上依据 CAS 理论和方法，设计了汽车核心企业成长过程中，内外创新网络对创新绩效影响的六个机制，通过仿真再现汽车核心企业的成长过程和内部网络完善过程，进一步挖掘内外创新网络对创新绩效的作用规律及关键影响因素。

5.1 汽车核心企业成长过程的简单划分

通过对一些新闻资料（汽车企业董事长、专家访谈的新闻资料）、学术文献资料和专业网站资料（盖世汽车网、汽车企业官网）进行分析，根据封凯栋、尹同耀和王彦敏对自主品牌汽车核心企业成长过程的描述，借鉴刘浩基于知识基对产业间创新模式选择的研究，本书将汽车核心企业成长过程划分为以下四个阶段。第一阶段是汽车核心企业成长的初级阶段，也称汽车核心企业的基础技术积累阶段，即汽车核心企业经过这一阶段的发展，了解并熟悉了制造整车最基本的系统知识；第二阶段是汽车核心企业成长的中级上阶段，即核心企业通过这一阶段的发展，掌握了制造整车所需主关键组件的（如整车中的发动机、变速箱、底盘、电气系统等）核心技术；第三阶段是核心企业成长的中级下阶段，也称自主创新能力完善阶段，即核心企业能够在不受外部控制的前提下自主完成整车创新；第四阶段是核心企业成长的高级阶段，也称完全自主创新阶段，即核心企业能够进行原始创新。

5.2 汽车核心企业创新网络对创新绩效动态作用过程的理论分析

基于核心企业的成长战略，依据以上汽车核心企业成长阶段的划分，本研究将沿着核心企业成长阶段演变这条主线，详细分析每一个成长阶段汽车核心企业如何利用内外创新网络的作用达到企业成长的目标，最终得出汽车核心企业成长过程中内外创新网络相互作用及对创新绩效作用的四阶段演化规律。汽车核心企业成长过程中内外创新网络的相互作用过程如图 5－1所示。

5.2.1 基础技术积累阶段

如图 5－1 中的阶段一所示，由于汽车核心企业刚刚起步，其研发流程中各部门和各关键组件部门还没有形成，都是混淆在一起的，本书在这里以虚拟部门（虚拟部门表示核心企业未掌握该技术，实体部门表示核心企业掌握

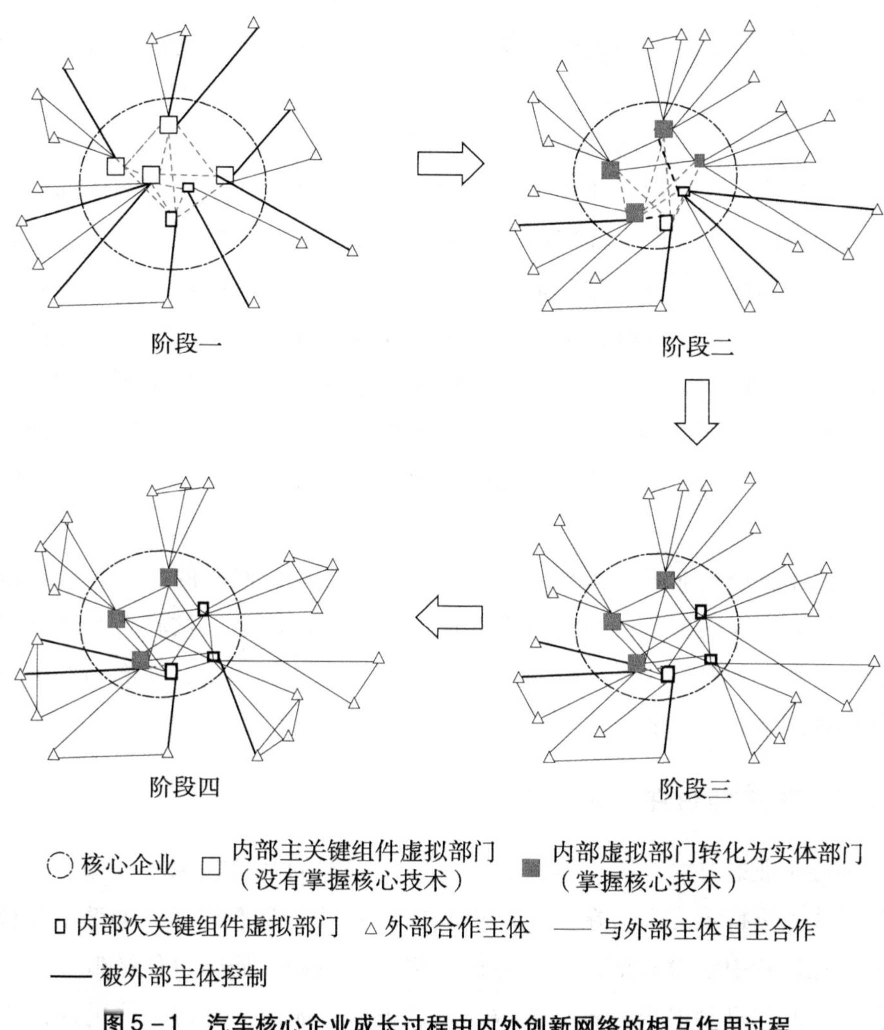

图 5－1　汽车核心企业成长过程中内外创新网络的相互作用过程

了该技术）代替。根据汽车产品的创新过程，制造整车首先要进行项目预研和创意造型，之后进行产品设计、试制试验、量化生产和销售。而这些在企业的刚起步阶段显然是不完整的，核心企业此时的目标是尽快创造出属于自己的汽车产品并早日上市，创造利润，因而可能舍去项目预研阶段直接进入创意造型阶段。由于资金、技术严重缺乏，企业得不到与外部创新主体合作创新的机会，并且该合作也会弊大于利，因此企业可能将此阶段的工作进行外包，而设计关键组件时也可能进行技术外包或者直接购买组件。由于资金和技术的缺乏，处于该阶段的汽车核心企业通常也会租赁别的企业实验室进行样车试验，所以在汽车核心企业成长的初级阶段，其仅进行价值链低端产品组装和制造，其创新的核心组件和流程被外部创新网络主体所主导和控制。

但是，鉴于刚起步的汽车核心企业缺乏资金、技术和人才，以及采用开放性创新模式，其进行上述流程主要依靠外部网络的创新是必然的选择，而这种方式对内部各个虚拟部门向实体部门转化有着巨大的推动作用。在创新中，企业让内部各个虚拟部门对购买技术进行学习、吸收和消化；企业对购买技术进行逆向开发进行技能积累；企业在委托开发中争取让自己的员工参与其中，对自己的员工进行培训，最终使各个虚拟部门的技术不断积累，各个研发流程和关键组件的基础知识系统不断完善。因此，该阶段外部创新网络对内部创新网络各个虚拟流程部门和关键组件部门的成长具有较大的间接培育作用。

在汽车核心企业的基础技术积累阶段，内外创新网络的作用关系可以总结为：核心企业内部创新网络没有形成，外部创新网络在核心企业的创新中起着主导和控制作用，内部创新网络仅起着辅助性的作用，外部创新网络对内部创新网络有一定的间接培育作用。

5.2.2 主关键组件掌握阶段

核心企业通过第一阶段的成长，积累了一定的基础知识和技术，但是该发展模式不可持续。因为在激烈的市场中，如果企业不掌握主关键组件核心技术，在创新中就没有话语权，并被外部网络控制，处于价值链低端。其获得超额利润的机会很小，收益甚微，并且很有可能由于外部网络的原因而被市场淘汰。因此，核心企业要想获得可持续发展，掌握主动权，增加收益，就必须掌握制造整车主关键组件的核心技术，也就到了企业成长的第二阶段，即主关键组件掌握阶段。

如图 5－1 中的阶段二所示，核心企业中一些虚拟部门通过自主学习知识和外部获取知识，不断完善知识系统，具备与外部企业进行合作的最低知识储备要求，进而尽可能去和外部网络进行联合创新。鉴于一些主关键组件在汽车创造中的重要地位（如发动机、底盘），核心企业应尽可能寻求与该领域内技术较为领先的企业进行合作创新（这里的合作创新属于依附型合作创新，即在创新中，合作伙伴处于主导地位，核心企业处于被动地位)。在该合作创新过程中，这些虚拟部门通过合作伙伴的知识溢出，积极吸收、消化和应用显性知识和隐性知识，不断完善知识系统，逐渐掌握了创造该组件的核心技术，具备了独立自主创造该组件的能力，继而变为实体部门。企业研发流程部门也是如此，例如，创意造型部门起初完全委托外部企业进行设计，但是随着技术的积累，该部门尝试自己进行设计，然后由合作伙伴检查其是否符合标准，在自己设计过程中遇到不可解决问题也可请教外部合作伙伴，进而逐渐掌握了汽车整车的创意造型设计技巧。由此可见，在汽车核心企业成长的中级阶段，汽车核心企业内部的虚拟部门通过跟外部网络进行合作创新来学习，在外部网络的培育下，企业内部研发流程部门和各关键组件部门逐渐形成，并且通过对外部隐性知识的学习，积累了经验和技能，企业应明确内部研发各个流程中并行研发的重要性，尝试进行并行研发，注重内部各个流程部门和关键组件部门的协同创新。

因此，主关键组件掌握阶段是一个非常关键的阶段，通过不断技术学习和研发，内部创新网络开始发展，一些主关键流程和组件部门逐渐形成，能够对一部分关键组件和创新过程进行控制和主导。在此过程中，内部创新网络对创新绩效的作用逐渐凸显，但是外部创新网络的作用仍然举足轻重。首先，内部创新网络通过委托设计或者并购获得所需技术，对创新绩效有着直接的推动作用。其次，虽然外部合作伙伴尽可能不将自己的知识溢出到这些合作部门，但是这些部门通过各种手段尽可能多地学到显性知识和隐性知识，否则将无法在较短的时间内掌握核心技术，所以外部创新网络对内部创新网络的直接培育作用在此阶段更为明显。

5.2.3　自主创新能力完善阶段

核心企业通过第二阶段的成长，掌握了主关键组件的核心技术，主关键组件部门形成。核心企业拥有了自主创新能力，在整车创新中可以以自主创新为主导，以合作创新为辅助。由于核心企业刚刚掌握了主关键组件核心技术，技术沉淀还不够，跟行业领先者还有一定的差距，还处于技术追随阶段，应通过技术搜索、技术合作等手段获取技术领先者信息，在此基础上不断进行技术整合和嫁接。但是在与外部创新网络的合作中，特别是与跨国领先企业的合作中，核心企业作为后发型企业，知识技术技能远远落后于合作伙伴，因此如要能在较短时间内吸收对方的溢出知识，对核心企业来讲是非常受益的，而从长远讲却并非如此，因为该溢出知识一般为合作伙伴的第二档或第三档的技术，并且核心企业需付出昂贵的成本，而关于该领域的先进和前沿技术，合作伙伴是不可能将其溢出的。但无法掌握先进前沿技术，核心企业很可能会在发展中被淘汰出局。所以在该阶段，核心企业主要还是依靠自主创新，继续进行技术沉淀，追赶行业领先企业。同时，为了使企业拥有完备的关键组件研发系统，不因为一些次关键组件（如仪表盘、车体、灯光等）的短板而影响到整车的创新，次关键组件部门还需通过不断进行技术积累去逐渐完成掌握核心技术的任务。这就是核心企业成长的第三阶段，即自主创新能力完善阶段。

如图 5 - 1 中的阶段三所示，核心企业拥有了自主创新能力之后，大都积极利用内部资源不断进行自主研发创新，紧跟领先企业，追赶先进前沿技术，这样才有可能在激烈的市场竞争中保持和增加市场份额，做到持续发展。其中，内部创新网络的作用是非常关键和明显的。首先是内部各个主体在创新中起着主导和控制的作用，核心技术不必依赖外部创新网络，企业不必付出昂贵的费用去获取技术，而是自己完成绝大部分的工作，仅在某些专业化的领域与其他技术领先的专业公司进行技术合作；其次是内部各个部门在整车创新中的合作协同作用更为凸显，因为汽车产品是非常复杂的，拥有 70 多个模块，2 万个零部件，每个模块出现问题，整车创新都会受到影响无法完成，所以内部各个模块之间的匹配和协同是至关重要的，进而在整车自主创新中，内部各个部门之间的合作协同作用非常关键。此外，在日本汽车企业的引领下，并行研发时代到来，20 世纪 90 年代起引起大量学者关注和研究，驱使企业内部各个部门之间的协同作用更为关键和重要。

因此不难看出，在汽车核心企业的自主创新能力完善阶段，内部创新主体和网络已经完全形成，已能完整主导和控制整个创新过程，内部创新网络已是整个创新网络的主导，而外部创新网络对企业创新的直接影响会越来越小，并且此时，外部创新网络对创新绩效的影响作用主要通过内部创新网络体现。因为内部创新网络是创新的主体和主导者，外部创新网络的作用是通过内部主体以及主体之间的合作协同反映到创新绩效中的。如果内部主体经过研究探讨没有采用合作伙伴的辅助性创新技术或者内部主体虽然采用了该技术，但是内部主体之间的协同出现问题，外部创新网络的贡献也可能体现不到创新绩效中。不像在第二阶段，内部虚拟网络的作用仅是把外部的创新技术直接应用到整车制造中，仅仅是制造加工作用。因此，外部创新网络对核心企业创新绩效的作用有两个途径：一是直接作用于创新绩效，但其作用较之前已较小；二是通过内部创新网络作用于创新绩效，其作用较之前增大较多。

5.2.4　完全自主创新阶段

汽车核心企业通过第三阶段的成长，完善了自主创新能力，不仅掌握了关键技术，而且拥有了完善的创新系统，不会因为某个组件的制约而影响整车创新，还在某些关键组件前沿技术方面同行业巨头差距越来越小。此时，核心企业在资金、技术、人才等方面已具备跟行业巨头相抗衡的能力，将根据企业的成长战略，向技术领先的方向迈进，进而引领市场，赚取超额利润，这就需要核心企业改变以前的追随创新策略，进行原始创新。这时企业进入成长的高级阶段，即完全自主创新阶段。

在该阶段的创新中，所有关键组件的创新将由核心企业内部创新主体主导，核心企业的内部创新网络将发挥着完全主导的作用。而外部创新网络受制于内部创新网络，在内部创新主体的引领下进行协同互补创新。从图 5－1 中的阶段四可以看出，外部创新网络中的合作主体的数量在逐渐减少，但是相互连接在增加。这说明随着内部创新主体的强大，企业在成长中会培育自己的长期合作主体。在内部创新主体的作用下，外部创新主体之间也建立了相互连接的关系，进而内外创新网络形成一个开放式的环形中心外围型网络结构。

通过上述分析可以看出，在核心企业发展的高级阶段，内部创新网络的创新主导作用更加凸显，外部创新网络对创新绩效的直接作用更为微小，其在内部创新网络的引领下，通过跟内部创新网络的协同进而间接作用于创新绩效的效果更显著。该阶段内外创新网络的相互作用规律跟第三阶段较为相似。

5.3 汽车核心企业创新网络对创新绩效作用的四个阶段规律理论模型

上述的理论推演详细分析了汽车核心企业的成长过程及内外创新网络在其中的作用机制，基于上述分析，本书得出汽车核心企业成长过程中创新网络对创新绩效作用的四个阶段规律理论模型（见图5－2）。

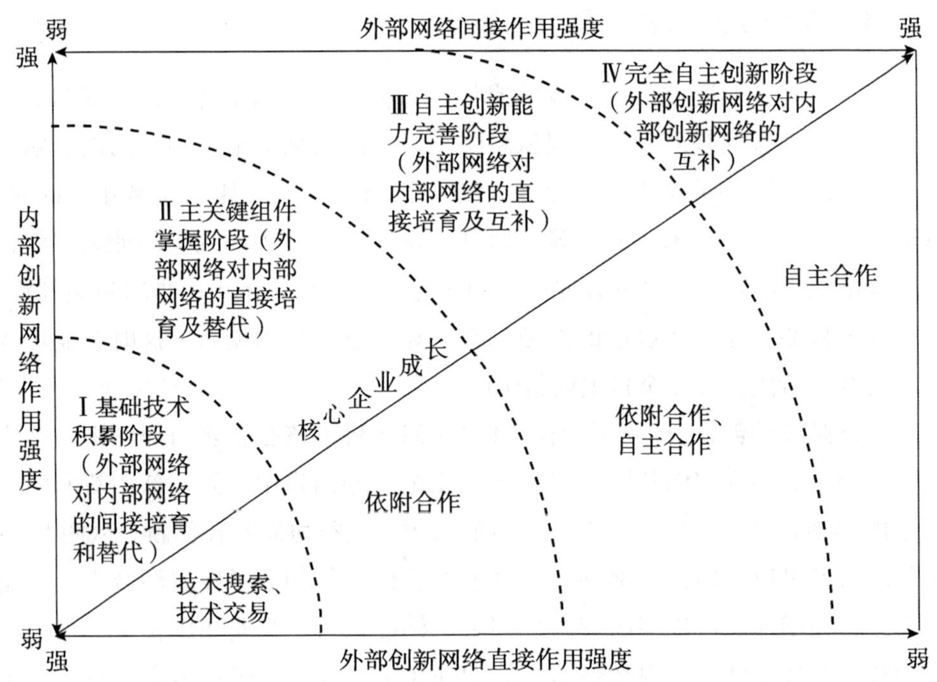

图5－2 汽车核心企业创新网络对创新绩效作用的四个阶段规律理论模型

5.4 汽车核心企业创新网络对创新绩效动态作用过程仿真模型设计

鉴于汽车核心企业成长过程中内外创新网络相互作用过程是一个复杂自适应系统，本书基于上述汽车核心企业成长过程中内外创新网络对创新绩效作用的详细分析过程，借鉴CAS理论中回声模型和刺激反应的观点，构建了创新网络对创新绩效作用过程的仿真模型，并通过计算机模拟，再现企业成长的过程和内部网络的演化过程，并挖掘内外创新网络的相互作用机制及对创新绩效的作用规律。

5.4.1　内外创新网络的主体分类

本书将所构造的汽车核心企业内外创新网络主体分为以下三种类型。第一类是核心企业中总体协调规划部门。其是企业整体发展战略的制定者、市场信息的收集者和发布者，为企业各关键组件的发展提供方向性指导和资金、技术、人才等方面的支持；同时是整车创新过程中关键组件部门之间关系的管理者和协调者；此外是关键组件部门同外部创新网络的中介者。第二类是核心企业中关键组件和研发流程（发动机、底盘、车身、测试等）部门。其包括主关键组件和研发流程部门、次关键组件和研发流程部门，划分的依据是在整车创新中的地位和重要程度，其制约着企业在创新中的自主权和控制权以及与外部创新主体合作的话语权。如果企业掌握了该主关键组件和研发流程核心技术，那么核心企业在整车创新中将摆脱外部创新网络的控制和主导，变成真正拥有自主核心技术的企业，在创新合作中拥有话语权和地位。第三类是汽车核心企业以外的创新网络参与主体。此类主体在本模型中主要包括跨国专业设计企业、竞争对手、跨国供应商（一级供应商）、国内供应商（一级供应商）、高校与科研机构、金融机构和政府部门等。它们根据核心企业中关键组件部门和研发部门的需要，通过规划部门协调被选择参与汽车核心的创新过程。

5.4.2　核心企业创新成果产出机制

汽车核心企业的创新过程是企业内部各关键组件部门之间及各关键组件部门同外部各组织（科研机构、供应商、专业设计企业、竞争企业等）之间协同创新的过程。其创新成果（整车产品）产出的多少及质量不仅受限于企业内部各关键组件部门的技术能力及创新投入，同时受限于企业从外部创新网络中所获得的创新资源。特别是对处于成长初级阶段和中级上阶段的汽车企业来说，外部创新网络的作用更为凸显。关于创新成果的表达，本书借鉴了陈娟和王文平的研究成果，利用改进的柯布—道格拉斯生产函数表示核心企业整体创新成果，公式如下：

$$IVQ = \prod_{i=1}^{n} [(IT_i + \varphi_{ig} \sum_{g=1}^{m} OT_g)(IC_i + \sum_{s=1}^{l} OIC_s)]^{\alpha_i} \quad (5-1)$$

其中，IVQ 表示汽车核心企业的创新成果总产出累积量；i 表示汽车核心企业中的关键组件和研发流程部门①，$i=1, 2, 3, \cdots, n$；IT_i 表示汽车核心企业中第 i 个关键组件部门的技术能力；$OT_i = \sum_{g=1}^{m} OT_g$，表示汽车核心企业第 i 个关键组件或者流程部门在创新过程中所需的外部技术供给量（委托设计、技术购买、流程外包、合作创新等手段）；g 表示从外部获取技术的对象（科研机构、供应商、专业设计企业、竞争企业等），$g=1, 2, 3, \cdots, m$；OT_g 表示关键组件部门或流程部门从外部第 g 个组织所获得的技术量；φ_{ig} 为创新技术转化为创新能力的系数，$0<\varphi\leqslant 1$；IC_i 表示汽车核心企业第 i 个关键组件部门的内部创新研发投入（人力、物力、财力），这里都用资金表示；$OIC_i = \sum_{s=1}^{l} OIC_s$，表示汽车核心企业第 i 个关键组件部门在创新过程中所需的外部创新研发投入量（政府、金融机构等），$s=1, 2, 3, \cdots, l$；OIC_s 表示关键组件部门从外部第 s 个组织所获得的创新资源；α_i 表示创造各关键组件的弹性系数，且 $0 < \sum_{i=1}^{n} \alpha_i \leqslant 1$，确保了每个关键组件在创新中的重要程度及作用程度，也可反映出每个关键组件在整体创新中的不可或缺性和作用局限性。

5.4.3 核心企业内部各创新主体外部创新资源获取机制

容易理解的是，企业内部创新能力 IT 及创新投入 IC 与通过外部创新网络获取创新技术 OT 和其他创新资源 OIC 是互补的。汽车核心企业在每一款产品的创新中都要求各关键组件和流程部门的创新能力及创新投入达到不同的标准阈值，当一些关键组件部门的创新能力及创新投入达不到阈值时，就需通过总体协调规划部门从外部创新网络中获取，这就涉及了内外创新主体间的资源交换。

设第 t 期关键组件部门 i 的创新能力为 IT_i^t，可用的创新投入资源（这里

---

① 这里的关键组件和研发流程部门是一个虚拟部门，还没有正式形成，仅表示在这个关键组件上企业已有人员参加，其真正形成的标志是该关键组件和流程部门掌握了核心技术。

都用资金表示）为 IC_i^t，此时，汽车核心企业在某款汽车创新中该关键组件的创新能力阈值为 IT_{xi}，创新所需投入阈值为 IC_{xi}，x 为大于 1 的正整数（为了跟实际情况更贴近，假设隔上固定的时间步，仿真将自动把创新阈值从 IT_{xi}、IC_{xi} 调整到 $IT_{(x+1)i}$、$IC_{(x+1)i}$），则所需外部网络资源的情况如下：

$$\begin{cases} OT_i^t = 1/\varphi_{ig}\ (IT_{xi} - IT_i^t),\ OIC_i^t = IC_{xi} - IC_i^t,\ IT_i^t < IT_{xi},\ IC_i^t < IC_{xi}; \\ OT_i^t = 1/\varphi_{ig}\ (IT_{xi} - IT_i^t),\ OIC_i^t = 0,\ IT_i^t < IT_{xi},\ IC_i^t \geqslant IC_{xi}; \\ OT_i^t = 0,\ OIC_i^t = IC_{xi} - IC_i^t,\ IT_i^t \geqslant IT_{xi},\ IC_i^t < IC_{xi}; \\ OT_i^t = 0,\ OIC_i^t = 0,\ IT_i^t \geqslant IT_{xi},\ IC_i^t \geqslant IC_{xi}. \end{cases} \tag{5-2}$$

关于外部创新网络主体的资源获取，这里假设外部网络主体技术创新资源要远远大于核心企业技术创新资源，外部创新主体进行资源交换的目的主要是获取利润。其中外部网络主体技术资源库包含第一档技术、第二档技术和第三档技术，其可进行交易的技术量是一定的，包括第二档技术和第三档技术，随着技术复杂度提高，交易价格越来越高。

5.4.4　核心企业内部各创新主体的学习机制

汽车核心企业开放的学习系统及强大的学习能力保证了汽车核心企业能最大范围地获取创新资源并对其进行有效吸收、转化和应用，通过利用外部创新资源和内部研发努力快速成长。其中，企业内部每个关键组件和流程部门技术能力提高的来源主要有三个渠道。第一个渠道为通过交易手段和合作手段获取外部创新网络中的资源，在获取过程中，关键组件和流程部门积极、努力地学习，进行技术吸收、消化，将其转化为企业自身技术，提高创新能力；第二个渠道为汽车核心企业在整车研发过程中，通过跟其他关键组件和流程部门合作协同创新，不断提高创新能力；第三个渠道为关键组件部门在自身现有技术整合基础上进行内部研发，通过技术嫁接和突破创新创造新技术，进而不断提高创新能力，这就是所谓的“内生性增长”。因此，汽车核心企业各关键组件部门和流程部门创新能力的增量可表达为：

$$\Delta IT_i^{t+1} = c_i\left(\sum_{j=1}^{v} a_{ij} IT_j^t + IT_i^t\right) + \sum_{g=1}^{m} b_{ig} OT_g^t \tag{5-3}$$

其中，ΔIT_i^{t+1} 表示第（$t+1$）期关键组件部门 i 的创新能力增量；v 表示第（$t+1$）期核心企业内部拥有的关键组件部门数量，$0<v\leqslant n$；a_{ij}表示关键组件部门i与关键组件部门j在创新中的协同系数，$0<a_{ij}\leqslant 1$，体现了内部创新网络对汽车核心企业创新的影响；b_{ig}表示关键组件部门i同外部创新组织g合作中的合作学习能力系数，表明关键组件对外部技术的吸收和消化过程，体现了外部创新网络对内部关键组件部门成长的培育作用，$0<b_{ig}\leqslant 1$，并且这里$b_{ig}=\varphi_{ig}$；c_i表示关键组件部门i在第t期的技术自主学习及内生能力系数，表明关键组件对购买技术的自身学习和消化过程以及将消化、吸收的技术应用到产品的正向开发中去的能力（技术嫁接），$0<c_i\leqslant 1$。关键组件i在第（$t+1$）期的创新能力为：

$$IT_i^{t+1}=IT_i^t+c_i\left(\sum_{j=1}^{v}a_{ij}IT_j^t+IT_i^t\right)+\sum_{g=1}^{m}b_{ig}OT_g^t \tag{5-4}$$

这里需进一步说明：由于主关键组件对企业成长的影响极大，企业在创新中会将大量的人力、物力和财力优先投入主关键组件的技术积累中去，所以仿真设计中，主关键组件的合作学习能力系数b_{ig}和技术自主学习及内生能力系数c_i要比次关键组件的b_{ig}和c_i大一些。

5.4.5 核心企业创新收益机制

核心企业能够进行创新的前提是创新具有盈利性和资源具有可获取性，前者要求创新总收益大于创新总成本，否则创新不可持续；后者保证创新主体各类创新资源的可获取性。关于创新收益的表达，这里借鉴了付韬的观点，将汽车核心企业的整体创新净收益表示为：

$$\begin{aligned}NIP^t&=\lambda_i IVQ^{t-1}+\gamma_i\Delta IVQ^t-C^t\\&=\lambda_i IVQ^{t-1}+\gamma_i(IVQ^t-IVQ^{t-1})-\left(\sum_{i=1}^{n}C_{ITi}^t+\sum_{i=1}^{n}C_{OTBi}^t+\sum_{i=1}^{n}C_{OTCi}^t\right)\end{aligned} \tag{5-5}$$

其中，NIP^t表示核心企业在第t期的创新净收益。这里的核心企业收益共包括两部分：一部分是企业利用前一期的技术积累制造整车赚取的收益，表达为$\lambda_i IVQ^{t-1}$，IVQ^{t-1}为第（$t-1$）期的整车性能，λ_i表示汽车核心企业将整车性能转化为收益的能力；另一部分是企业在第t期利用新增加技术赚取的收益，表达为$\gamma_i\Delta IVQ^t$，ΔIVQ^t为第t期整车创新的性能增量，γ_i表示汽车核心企业将整车这部分新增加的性能转化为收益的能力。这里的λ_i和γ_i都会受到市场竞争激烈程度的影响，假设核心企业创造出的整车产品都能被市场接受，$\lambda_i < \gamma_i$。C^t 为关键组件部门在创新中所使用的总成本，包括每个关键组件部门内部研发创新所使用成本 $C_{ITi}^t = C_{AI}$（$c_i IT_i^t$）（研发过程中消耗的资金、人工时及设备设施工时，称为内生性成本），每个关键组件部门外部技术购买成本 $C_{OTBi}^t = C_{AO}\sum_{g=1}^{m} OT_g$（研发过程中通过委托设计、技术购买等手段得到所需技术所产生的成本费用，是外生性成本的主要部分）和每个关键组件部门外部技术学习成本 C_{OTCi}^t（联合研发工程中学习合作伙伴技术所发成的费用，如培训费，也是外生性成本的主要组成部分），C_{AI}表示企业内部研发一项技术的平均成本，C_{AO}表示从外部获取一项技术的平均成本。

5.4.6　主体成长机制

上文的框架分析将汽车核心企业的成长分为四个阶段，仿真以此划分为依据，呈现汽车核心企业拥有自主创新能力之后的成长状况。仿真中将会出现企业成长的四个阶段。

在汽车核心企业成长的四个阶段中，每个阶段都应有触发的条件。本书以关键组件部门拥有数及关键组件部门的创新能力与标准创新能力的比率作为汽车企业成长阶段划分的触发条件，表示如下：

$$P_{ITi} = IT_i^t / IT_{50i} \tag{5-6}$$

$$P_n = N/n \tag{5-7}$$

其中，IT_{50i}为关键组件部门 i 完全掌握该关键组件核心技术并具有自主研发能力所需的创新能力，P_{ITi}（$0 < P_{ITi} \leqslant 1$）为关键组件部门 i 在第 t 期所拥有的创新能力与完全掌握该关键组件并具有自主研发能力所需的创新能力的比率；n 为成熟汽车核心企业应具备的关键组件部门数量，N 为在第 t 期汽车核心企业所拥有的关键组件部门的数量，P_n（$0 < P_n \leqslant 1$）为汽车核心企业在第 t 期所拥有的关键组件数量与应有的关键组件数量比率。

因此，汽车核心企业成长的四个阶段具体触发条件如下。第一阶段成长在国内汽车企业中现象十分普遍，在仿真中该机制必然触发；第二阶段中国许多整车企业已经历，本书以所有主关键组件的 $P_{ITi} \geqslant \frac{1}{5}$ 为触发条件（假设

$P_{ITi}=\frac{1}{5}$是关键组件同外部创新网络主体进行合作创新的最低知识基要求)；第三阶段成长过程中，国内汽车核心企业的差距比较大，本书以所有主关键组件的 $P_{ITi}=1$ 为触发条件；第四阶段的成长在国内汽车核心企业中可能还未发生，本书以 $P_{ITi}=1$ 且 $P_n=1$ 作为第四阶段触发条件。

5.4.7 主体连接机制

由于企业外部创新网络的演化不是本书研究的核心，为了简化模型，在这里假设核心企业中各关键组件部门在创新中可选择的外部创新网络参与者为固定数量，并且与这些参与者建立长期合作关系，在每一时期的创新中，关键组件部门都同这些参与者进行积极合作学习，但是由于核心企业在形成期的知识基比较低，需通过交易获得创新技术，此时，核心企业可根据创新技术的需要随机从固定的合作者中选择合作伙伴进行技术委托、技术购买等交易。

5.5 汽车核心企业创新网络对创新绩效动态作用过程的仿真实现

本书采用 Swarm 仿真平台通过编写程序进行仿真再现。由于本书主要研究核心企业内外创新网络对企业技术创新的作用，为了简化模型，假设企业内部拥有足够的创新资金，不需从外部获取除技术以外的创新资源，创新成果的价格（转换能力系数）以 110% 的速度增长，购买技术的价格以 120% 的速度增长，将 OIC_s 设为 0。同时将汽车核心企业中的关键组件部门 n 设为 10，其中主关键部门设为 4，每个关键组件的外部技术学习及获取来源 g 设为 3。其他参数因主体不同，取值也有所区别，在仿真中由计算机在规定范围内随机生成（见表 5－1）。

图 5－3 呈现了 0 至 400 时间步内基于内外创新网络相互作用的核心企业创新成果积累量、创新净收益变化量，以及特定时间步企业内部创新网络拓展情况。

表 5－1　**仿真参数描述及取值范围**

参数名称	参数描述	取值上限	取值下限
IT_I	每个关键组件部门刚开始拥有的技术能力	200	500
IC_I	每个关键组件部门刚开始拥有的创新资源	1	2
OT_g	外部创新主体所拥有的创新技术	90	130
α_i	每个关键组件在整车创造中的创新弹性	0.05	0.1
a_{ij}	企业内部关键组件部门之间的协同系数	0.5	0.8
b_{ig}	各主关键组件部门同外部创新主体之间的学习系数	0.6	0.8
	各次关键组件同外部网络主体之间的学习系数	0.4	0.6
c_i	各主关键组件部门创新技术的自主学习及内生性能力系数	0.6	0.8
	各次关键组件部门创新技术的自主学习及内生性能力系数	0.4	0.6
λ_i	汽车核心企业将前一期关键组件性能转化为收益的能力	0.2	0.3
γ_i	汽车核心企业将当期关键组件性能增量转化为收益的能力	0.5	0.6
C_{AI}	起初企业内部关键组件部门研发一项技术的平均内生成本	5	10
C_{AO}	起初各关键组件部门从外部获取一项技术的平均成本	150	180
C^t_{OTCi}	关键组件部门 i 从外部学习的成本	50	60
IT_{50i}	关键组件部门 i 完全掌握该关键组件并具有自主研发能力所需的创新能力	3000	5000

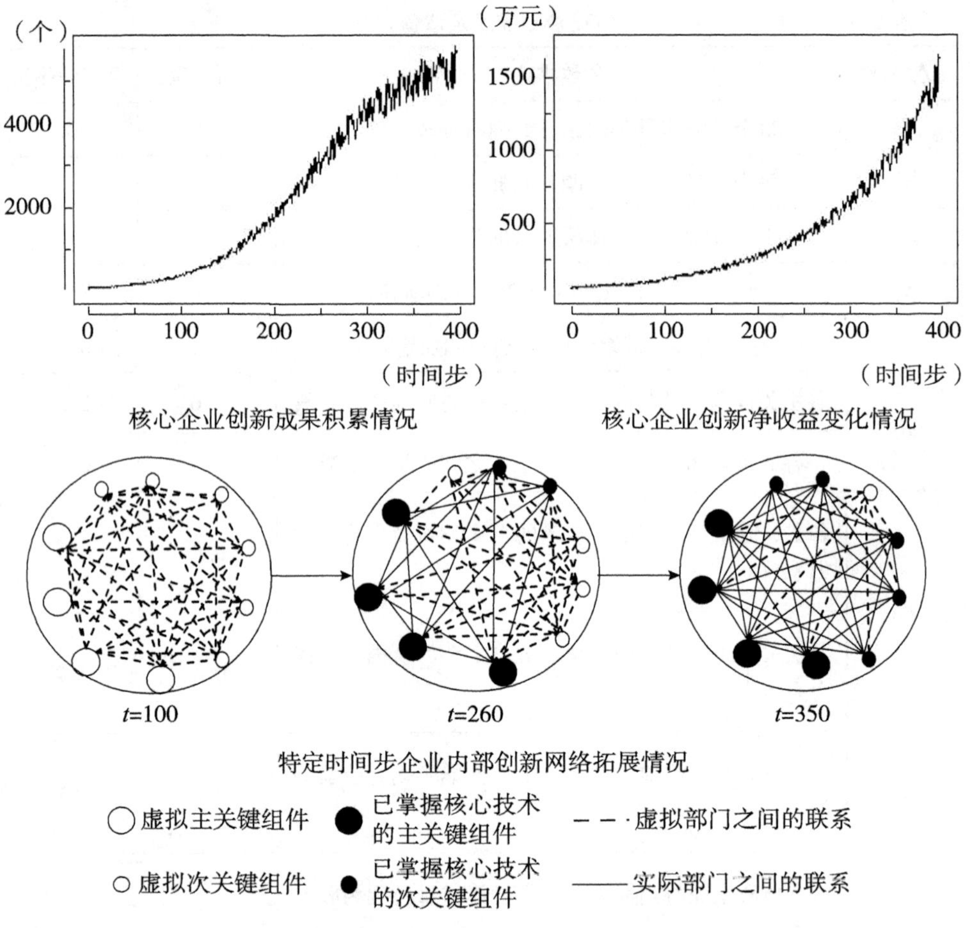

图 5－3　汽车核心企业成长过程及内部创新网络完善的仿真结果

5.5.1　初步仿真结果分析

从图 5－3 中可看出，汽车核心企业的创新成果增长曲线和创新净收益增长曲线呈现不同的“S”形，也就是说企业在成长初级阶段（$t=0$ 到 $t=100$），核心企业创新成果积累较为缓慢，创新净收益增长较为平缓；企业成长中级上阶段（$t=100$ 到 $t=260$），核心企业创新成果积累加速，创新净收益持续增长；企业成长中级下阶段（$t=260$ 到 $t=350$），核心企业创新成果积累保持增加，创新净收益持续增长；企业成长高级阶段（$t=350$ 及以上），核心企业创新成果积累放缓，但创新净收益持续增长。具体解释如下。

汽车核心企业在成长的初级阶段（起步阶段），内部技术、人才等创新资源严重匮乏，没有掌握主关键组件的核心技术，这决定了企业在创新中被支配的命运。并且此时企业内各个关键组件的知识基都较低，与外部网络合作研发的经济性效应不高，难以在这一阶段就找到合适的合作创新伙伴，所以只能依靠研发外包、技术购买或者技术许可等交易手段，通过复制性模仿完成产品创新。这样企业仅能依靠逆向开发自主学习、吸收和消化所获取的技术，由于知识基较低，自主学习吸收和消化的进程较为缓慢，企业在 0 ~ 100 时间步内的创新成果积累量较低。此阶段企业创新净收益增长平缓的原因是核心企业通过交易手段获得技术的资金代价很高，且要在激烈的市场竞争中获取市场份额，在没有产品竞争优势的前提下，仅能依靠价格优势吸引消费者，价格低、成本高。此阶段企业的创新净收益非常低并且增长缓慢，但是为后续企业发展奠定了基础。虽然此阶段企业的总体创新成果较少、收益较低，但是核心企业通过大量研发投资，内部主关键创新部门和次关键创新部门都得到一定技术积累，一些关键组件部门从无到有，逐渐形成并完善。

汽车核心企业在成长的中级上阶段，鉴于初级阶段的资金积累和技术积累，企业继续进行大量研发投资，企业各关键组件部门积极努力学习、消化外部技术，特别是使企业发展遭遇瓶颈的主关键组件部门。一些主关键组件部门首先具备了同外部创新网络主体进行合作研发创新的可能，通过合作伙伴显性知识和隐性知识的溢出，这些主关键组件部门就会加速技术积累。随着企业主关键组件部门的优先快速积累和次关键组件部门的持续积累，企业的整体创新成果会加速积累。在此阶段，核心企业的整体创新净收益也出现加速增长的趋势，可解释为此阶段核心企业的主关键组件部门和一些次关键组件部门开始同外部进行合作研发创新，掌握一些核心技术，技术学习能力不断提高，内生能力也在不断发展，总体技术能力不断提高，所以企业在创新中通过交易手段获取的技术减少，交易成本逐渐降低，合作成本虽然增加，但是相对于巨额交易成本要低很多。同时创新产品的档次提高，其获利的空间也在不断增大，继而创新净收益加速提高，但是由于没有竞争对手的品牌和产品优势，此阶段核心企业还需通过价格优势获取更多的市场份额。通过主关键组件部门的优先发展和技术快速积累，最终主关键组件部门会优先掌握核心技术，进而解决企业创新过程中的外部创新网络主导问题，主关键组件部门核心技术的掌握标志着企业摆脱了成长的瓶颈，企业内部创新网络在创新中的主导作用逐渐显现。

汽车核心企业在成长的中级下阶段，主关键组件部门和一些次关键组件部门掌握核心技术，能够独立完成关键组件的创造。但是由于通过合作学习外部创新网络技术，仅能得到合作伙伴的第二档或第三档技术，不会取得具有竞争优势的前沿技术和热门技术（第一档技术），此时，核心企业会继续投入大量研发资本，掌握核心技术的主关键组件部门和次关键组件部门会朝着第一档技术迈进，在同外部创新网络合作研发创新的同时，主要依靠自主研发和技术内生在该技术领域追赶或超越行业领先竞争对手。同时，一些次关键组件部门在此阶段经过技术持续吸收和积累，大多掌握了核心技术，变成关键组件部门。在此阶段，核心企业的内生主导性创新越来越显著，主关键组件和次关键组件核心技术等级越来越高，创新成果积累量依然会加速增加，同时因为创新成果档次不断提高，品牌效应逐渐显现，核心企业的获利空间将会不断增大，创新净收益持续增长。经过此阶段的发展，核心企业内各个关键组件部门基本都掌握了核心技术，此时企业已经完全摆脱外部创新网络的控制，企业内部创新网络在整个研发创新中起着主导作用。

在企业发展高级阶段，核心企业内部各关键组件和流程部门都掌握了关键核心技术，企业依靠自身技术能力能够自主研发创新整车产品。此时企业将会向着更高目标迈进，注意力将集中到第一档技术和原始创新，企业将无法通过购买得到这些技术，合作也仅仅是专业领域的辅助性合作，因此企业仅能依靠大量的研发投资内生这些技术，企业的创新成果积累将会放缓。由于前沿热门技术和原始创新技术，企业品牌效应会显现，其产品的超额利润空间越来越大，企业的创新成果放缓，但是收益会持续增加。

5.5.2 动态作用规律的进一步挖掘

根据上述模型，主要影响汽车核心企业创新能力提高的参数是内部主关键组件部门的合作协同能力系数、主关键组件部门同外部创新网络的合作学习能力系数及内部主关键组件部门技术自主学习内生能力系数。如表 5 - 2 所示，本书通过改变这三个参数，输出不同情景以及随着时间步的改变核心企业创新成果的变化趋势及创新净收益的变化情况，观察核心企业创新成果及创新净收益是否与初步仿真结果有差异，了解增加或减少的程度，进而挖掘核心企业成长过程中内外创新网络的作用规律及关键影响要素。情景 1 和情景 2 的结果如图 5－4 所示。

表 5－2　　情景仿真设计

情景序号	内部主关键组件部门的合作协同能力系数范围 a_{ij}	内部主关键组件部门同外部创新网络的合作学习能力系数范围 b_{ig}	内部主关键组件部门技术自主学习内生能力系数范围 c_i
初步仿真	0.5～0.8	0.6～0.8	0.6～0.8
1	0.1～0.4	0.6～0.8	0.2～0.4
2	0.5～0.8	0.2～0.4	0.6～0.8
3	0.5～0.8	当 $IT_I \geqslant IT_{50i}$，b_{ig} 取值范围缩小为 0.2～0.4	0.6～0.8
4	当 $IT_I \geqslant IT_{50i}$，a_{ij} 取值范围缩小为 0.1～0.4	0.6～0.8	当 $IT_I \geqslant IT_{50i}$，c_i 取值范围缩小为 0.2～0.4

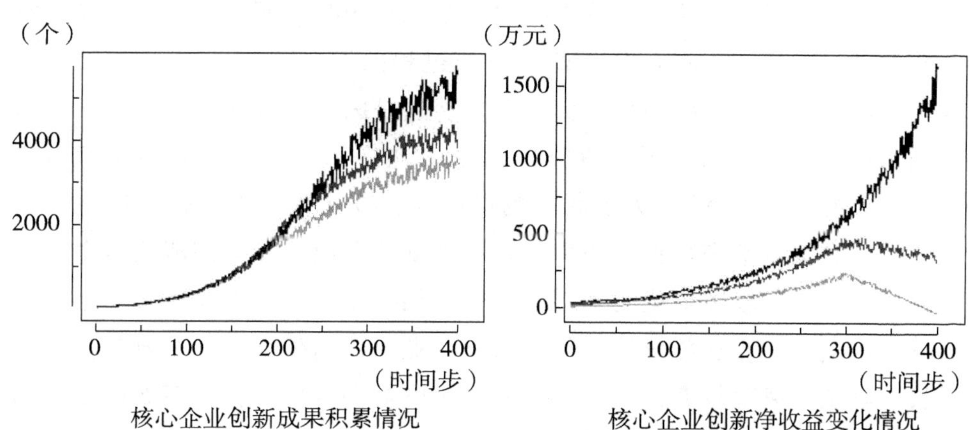

初步仿真 —— 初步仿真结果

情景 1 —— a_{ij}和c_i都缩小0.4个单位，b_{ig}保持不变

情景 2 —— a_{ij}和c_i都保持不变，b_{ig}缩小0.4个单位

图 5－4　情景 1 和情景 2

1. 情景1

如表5-2所示，跟初步仿真参数相比，情景1将a_{ij}和c_i同时缩小0.4个单位，系数范围保持不变。在该参数条件下，对其汽车核心企业的成长过程进行仿真，并将仿真结果同初步仿真结果进行比较。从图5-4中可以比较直观地看到核心企业的创新成果积累速度在100时间步之内与初步仿真结果差异不大，创新净收益的变化也同初步仿真结果相似，这是因为在核心企业发展初期，企业内部各主体知识基很低，它们的学习能力、协同能力及技术自主学习内生能力都比较低，无法对产品创新具有较为显著的影响，创新产品的关键核心技术一般通过设计外包、技术购买和技术许可等方式得到，企业的主要贡献是对产品进行低端组装、加工和低价销售，所以无论如何改变参数，对企业发展初期的技术积累情况和创新净收益变化情况的影响都较小。这也进一步明确了本书在理论研究中的结论：在核心企业的发展初期，外部创新网络对企业创新绩效的贡献要大于内部网络的作用，并且其作用是对内部网络的代替作用、主导作用，而非大多数学者所认为的资源互补作用和次要作用。

从100时间步之后，创新成果积累量和创新净收益增长速度较为缓慢，同初步仿真结果的差距越来越大，并且在300时间步时，创新净收益开始下降。此时，核心企业还处于成长过程的第二阶段，10个关键组件部门中仅有2个关键组件部门真正形成。这是因为企业在发展过程中，自主创新意志比较薄弱、研发投资较低（企业内部主体的协同和技术内生需要较大的资本投资），为了获取既得利益，仅能依靠外部创新网络获取技术，并对该技术进行吸收和消化。正如刘浩所说，外部创新网络主体仅可能供应的是比较市场化的第二档和第三档技术，第一档技术是不会流入市场进行交易的，这部分技术只能依靠企业自身内生。如果企业放弃这个漫长、复杂、风险较大、投资较大的技术学习和内生过程，那么该企业创新成果的积累就非常有限。随着技术复杂度提高，外部获取的难度加大，创新成果积累量增长就会较为缓慢，正如图5-4所示，到300时间步时，此部分曲线较为平缓。同时，由于技术的复杂度和难以获取性，企业必须以高昂的代价获取这些技术，但是这些技术相对于当前较为流行和前沿的技术而言档次还是较低，因此企业在市场上最终获取的利润也会较低，盈利性较差，正如图5－4所示，核心的净收益从300时间步时已经开始逐渐下滑。这就说明了企业内部创新网络主体的技术自主学习内生能力在企业成长过程中有着长期的重要影响，其是企业发展的根本，如果企业仅依靠外部创新网络资源获取技术，不注重内部创新网络的发展和技术的持续创新，那么企业最终不会持续成长并走向世界，反而可能走向失败。

2. 情景2

如表5－2所示，与初步仿真参数相比，情景2将a_{ij}和系数范围c_i保持不变，b_{ig}缩小0.4个单位。在该参数条件下，对汽车核心企业的成长过程进行仿真，并将仿真结果同初步仿真结果进行比较。从图5－4中不难看出，在100时间步之内，改变参数后的核心企业创新成果积累情况和创新净收益的变化情况同初步仿真结果相比变化不大，表明此时企业内部同外部创新网络合作学习能力对创新绩效影响不大，进一步说明了在企业发展初期，核心企业主要依靠外部创新网络获取研发技术，自身仅在创新中起低端组装、加工和销售作用，外部创新网络主导着核心企业的研发创新，在创新中对内部创新网络起的是替代作用，而非互补作用。

在150时间步以后，核心企业的创新成果积累情况和创新净收益变化情况同初步仿真结果的差距逐渐拉大，但是幅度同情景1相比要大一些，并且企业内部3个关键组件部门已经真正形成，完全掌握了核心技术，这说明核心企业还处于成长的第二阶段。由于b_{ig}体现了外部创新网络对内部关键组件部门和流程部门成长的培育作用，该仿真结果表明在核心企业成长过程中，外部创新网络对内部创新网络的培育作用在企业的快速成长中起着非常关键的作用，特别是在企业成长的第一阶段和第二阶段，其影响将对企业的成长具有放大效应。解释如下：在企业成长初期，企业内部知识基比较低，依靠研发外包、技术购买和合作等手段获取技术，如果企业能够意识到外部创新网络和自主创新的同等重要性，通过大量研发投资，积极对外部所得技术进行吸收、消化，并应用到自己的产品创新中去，将外部技术转化为自身的技术能力，并在此基础上进行技术嫁接，使自身技术能力增长更迅速，进而形成外部知识获取和内部自主创新的良性循环，那么结果就是核心企业的创新成果积累较快，创新收益也不断增加，助推了企业的快速成长。反之，如果核心企业忽视对外部技术的合作和学习，在研发创新方面闭门造车，技术积累非常缓慢，并且最终因技术低下而不断从外部高价获取创新技术，那么企业的净收益最终会下降，甚至为负，企业的成长不可持续，难逃被市场淘汰的命运。因此，汽车核心企业在发展的初期和中期，内部创新网络主体与外部创新网络主体的合作学习能力发挥着极为重要的作用，企业一定要注重该能力的培养，有效利用外部创新网络对内部创新网络的直接培育作用，该作用对核心企业未来成长具有放大效应，至关重要。

3. 情景3和情景4

如表5－2所示，与初步仿真参数相比，情景3当所有内部创新主体$IT_i \geqslant IT_{50i}$时，将b_{ig}取值范围缩小为0.2～0.4，a_{ij}和c_i始终保持不变，在该参数下进行仿真，得出图5－5中的曲线；情景4当所有内部创新主体$IT_i \geqslant IT_{50i}$时，将a_{ij}和c_i取值范围缩小为0.2～0.4和0.2～0.4，b_{ig}始终保持不变，在该参数条件下进行仿真，得出图5－5中的曲线。从图5－5中可以看出，情景3中核心企业创新成果积累量和创新净收益的下降幅度比情景4中核心企业创新成果积累量和创新净收益下降幅度要平缓很多。解释如下：当核心企业内部所有创新主体掌握了所负责领域的核心技术，企业的成长进入第三阶段，此时各个关键组件部门和流程部门已经形成，核心企业可完全依靠内部网络主体进行协同创新，内部创新网络主体在创新中完全处于主导地位，利用外部网络资源对核心企业来讲是为了某些专业技术的进一步提高，利用资源互补优势，在一些专业领域方面进行合作，或是为了降低研发成本，缩短研发周期，将非核心技术进行外包，总之外部创新网络的作用对核心企业的创新是互补的作用，处于次要和边缘地位。这说明了在企业发展的高级阶段，内部创新网络主体之间的合作协同能力和各主体的技术内生能力在企业的成长中发挥着极重要的作用；企业内部创新网络在创新中处于主导地位，外部创新网络的作用更多是通过与内部网络主体合作作用于创新绩效，在企业的研发创新中是互补的作用，处于次要和边缘地位，核心企业内部创新网络在外部创新网络作用于创新绩效的机制中起着中介作用。

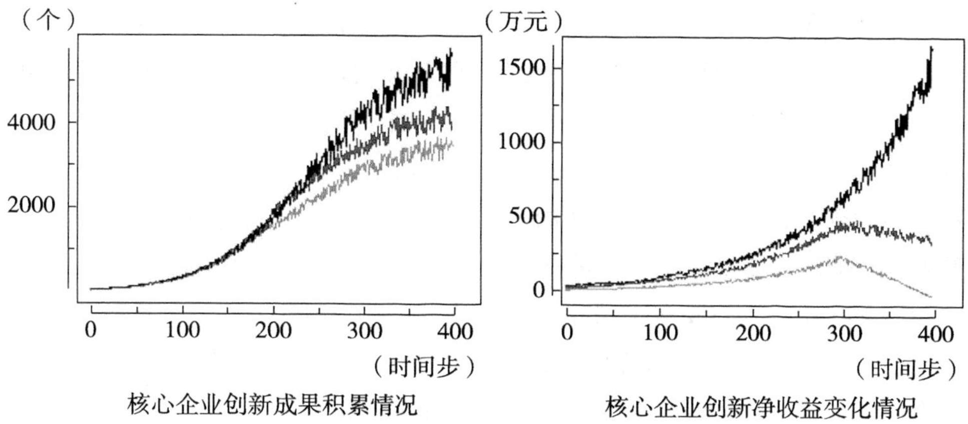

初步仿真 —— 初步仿真结果

情景 3 —— 当所有关键组件核心技术掌握后，a_{ij}和c_i都保持不变，b_{ig}缩小0.4个单位

情景 4 —— 当所有关键组件核心技术掌握后，b_{ig}保持不变，a_{ij}和c_i都缩小0.4个单位

图 5－5　情景 3 和情景 4

5.6　汽车核心企业创新网络对创新绩效动态作用规律的案例验证

下面以我国发展比较成功的汽车核心企业奇瑞为案例，验证上文提出的汽车核心企业创新网络对创新绩效的动态作用规律及每个阶段的关键影响要素。

5.6.1　汽车核心企业奇瑞创新简介

奇瑞是国有大型股份制企业，成立于 1997 年，位于安徽省芜湖市经济技术开发区内。1999 年 12 月，第一辆奇瑞轿车下线；2007 年，第 100 万辆奇瑞汽车下线；2010 年，第 200 万辆奇瑞汽车下线；2011 年，第 300 万辆奇瑞汽车下线。截至 2020 年 12 月，奇瑞已累计销售整车 900 万辆，其中出口超过 170 万辆，已连续 18 年保持中国品牌乘用车第一位。截至发稿前，奇瑞旗下拥有奇瑞、瑞麒、威麟、开瑞、凯翼、观致和奇瑞捷豹路虎七个子品牌，覆盖乘用车、商用车、微型车领域，形成了从整车、动力总成、关键零部件开发到试制、试验的较为完整的产品研发体系。

奇瑞是我国自主创新做得比较好的汽车核心企业，二十多年来，始终以“自主创新”作为企业发展的战略核心，坚持开放式创新，每年的研发费用占5%~7%，形成了“政产学研”合纵连横的创新格局。奇瑞已建成以汽车工程研究总院、规划设计院、汽车试验技术中心等为依托，和与奇瑞协作的关键零部件企业和供应商协同，和国内大专院校、科研院所等进行产、学、研联合开发的研发体系。其中，企业内部建立了近30个国家级创新型企业、技术中心和实验室，企业在全球建立了芜湖总部、上海、欧洲、北美、中东以及巴西6个研发中心，先后与7家高校、11家企业共建了七大联合实验室，拥有一个来自全球各地的5500余人组成的研发团队。

通过整合资源，开放式创新，奇瑞硕果累累，创新成绩突出。2005年，奇瑞自主研发的第一台ACTECO发动机下线；2008年，奇瑞成为我国首批创新型企业，“节能环保汽车技术平台建设”“轿车整车自主开发系统的关键技术研究及其工程应用”两个项目分别荣获国家科技进步奖一等奖和二等奖；2009年，汽车核心企业奇瑞已经完全掌握了发动机、底盘、变速箱和电子管理系统等整车主关键组件的核心技术；2011年，奇瑞作为国内唯一乘用车企业获得中国工业领域最高奖项“表彰奖”，同年，奇瑞再次荣获“中国十大创新型企业”称号，创新能力位列第三位。奇瑞还先后荣获“国家科技进步奖”一等奖1次，“国家科技进步奖”二等奖3次，“中国大陆创新企业百强”等10余次。在中国汽车技术研究中心发布的“2019汽车专利创新指数”排名中，奇瑞在最具“含金量”的专利质量评价方面位居自主品牌汽车企业第一；在代表前沿技术的智能网联领域跻身全球20强，位居自主品牌汽车企业第一。截至2020年11月，奇瑞累计申请专利19826件，累计授权12790件，位居中国汽车行业前列。

5.6.2 汽车核心企业奇瑞成长过程中内外创新网络的作用机制及规律

图5-6和图5-7分别为奇瑞2001—2010年的销售量和专利申请量（鉴于汽车核心企业奇瑞的整体专利数据难以获取，依据已有数据，本书仅用2001—2010年的销售数据和专利数据来验证本书的研究结论）。从图中可以看出，奇瑞2001—2010年的销售量与专利申请量的变化呈现不同的“S”形曲

线，该曲线比较符合本书在理想状态下汽车核心企业成长过程中创新净收益积累量和创新成果变化量仿真输出结果趋势图。这首先一定程度上证明了本书仿真模型的有效性和合理性，说明了本书对内外创新网络对创新绩效作用规律的挖掘是建立在正确和合理的仿真模型上进行的，是有意义的。接下来汽车核心企业成长过程中内外创新网络的作用规律将通过对汽车核心企业奇瑞成长过程中不同阶段内外创新网络作用规律进行分析来验证。

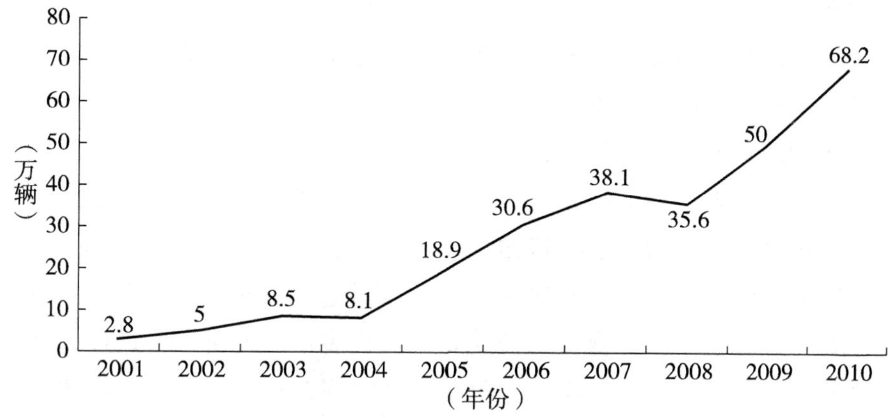

图 5 -6　奇瑞历年销售量

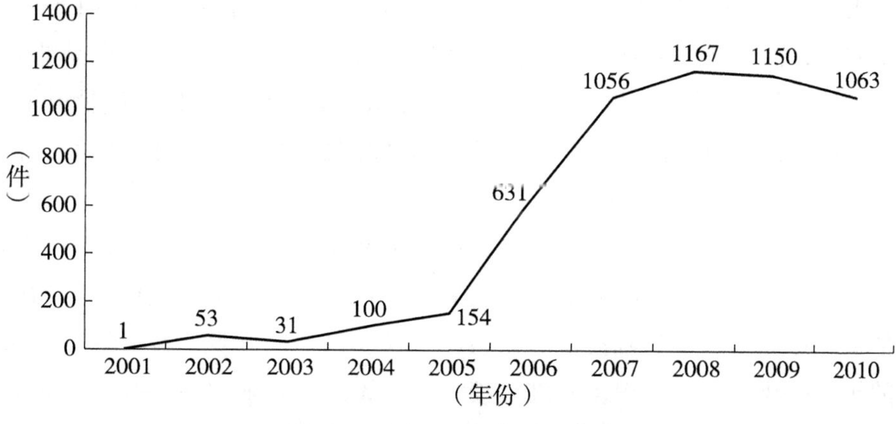

图 5 -7　奇瑞历年专利申请量

从前文的简介中可以看出，汽车核心企业奇瑞已经完全掌握了整车关键组件的核心技术和整个产品研发体系的核心技术，具备了较为完善的整车自主研发能力，已发展到本书提到的理论模型的第三阶段，即自主创新能力完善阶段。因此，笔者将根据理论模型将汽车核心企业奇瑞的成长过程划分为三个阶段：基础技术积累阶段、主关键组件掌握阶段、自主创新能力完善阶段。下面将具体分析奇瑞在成长的每个阶段如何利用内部和外部创新网络资源及内外创新网络的相互作用来发展。

1. 基础技术积累阶段（1997—2003 年）

汽车核心企业奇瑞在成立之初，鉴于人才、资金匮乏，同时技术能力低下，没有掌握整车创新的系统知识和经验，与外部技术先进的企业进行合作创新弊大于利，选择了快速模仿创新，即通过核心技术购买和技术搜索借鉴进行整车创新，创造出了风云、QQ、东方之子和旗云等车型。如图 5－8 所示，奇瑞在创造第一款车风云时，其主关键组件都是从外部创新主体处购买或者借鉴过来的。其购买了福特的发动机生产线和技术，购买了西亚特 TOLEDO“拖累多”车身生产线和图纸，购买了捷达的底盘和变速器。其他关键组件也是从外部创新主体直接购买所得，如仪表盘、天窗等，并且直接采用了捷达成熟的供应商体系。其后的 QQ、东方之子和旗云虽然有一定的工艺创新，但是关键组件和核心技术都是依靠外部购买和借鉴进行快速复制创新。如 QQ 用的是东安发动机，东方之子用的是三菱发动机，旗云是在风云的基础上购买了宝马 MINI 的动力总成，仅仅是对外观进行了小小改动。由此可见，此过程中，汽车核心企业奇瑞主要依靠外部创新网络来完成整车产品的集成创新，外部创新主体在创新中是主导，对于流程和组件的开发及质量说了算，而企业内部创新网络很不完善，主要作用是对关键组件进行加工组装，在创新中没有话语权，实质作用微小。

但是汽车核心企业奇瑞在该复制过程中并非为了复制而复制，而是不但注重结果，更注重产品创新中的自主学习过程。其通过不断宣传企业的愿景和抱负，形成了自主学习技术的动力，积极通过逆向开发、模仿等手段从购买的技术中获得隐性知识，并进行消化吸收，形成企业自身的技术知识。经过持之以恒的学习和整车创造的实践，奇瑞掌握了整车研发创新的系统知识和各主关键组件创新的基础知识，为以后跟国际顶尖设计公司进行合作奠定了有效基础。虽然奇瑞在该阶段，内部创新网络被外部创新网络控制和主导，但是内部各创新主体的自主学习发挥着重要作用，从某种意义上，外部创新

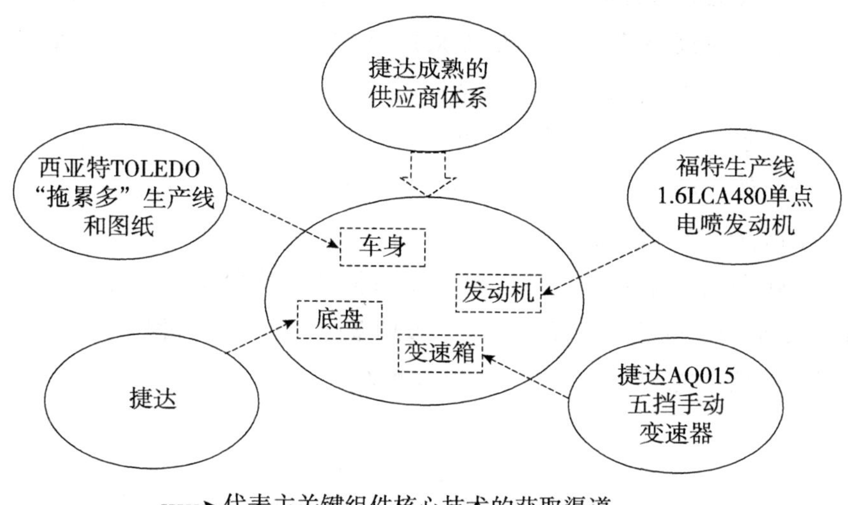

图 5－8　汽车核心企业奇瑞基础技术积累阶段从外部创新主体直接获取技术的渠道

网络对内部创新网络有间接的培育作用。这与本书的 CAS 仿真结论一致。

2. 主关键组件掌握阶段（2003—2009 年）

通过第一阶段系统知识、基础知识以及资金和人才的积累，奇瑞明确了自己在创新中能够把握系统知识和关键节点，进而改变创新策略，并与国际技术顶尖级的公司进行合作创新。因此，其早在 2002 年就开始与奥地利 AVL（李斯特内燃机及测试设备）公司进行合作创新。首先，奇瑞委托该公司进行发动机设计，但是同时要求该公司对奇瑞的工程技术人员进行培训，让这些人员与国外技术人员一起工作，进行显性和隐性知识积累。在委托奥地利 AVL 公司研发 4 款发动机之后，奇瑞发动机部门开始尝试自己设计研发，遇到问题困难时可向 AVL 公司请教，产品也让 AVL 公司进行把关和测试，最后奇瑞掌握了发动机的核心技术。在 AVL 公司的协助之下，2005 年奇瑞创造出了拥有自主知识产权的 ACTECO 发动机。其他主关键组件的核心技术的掌握也是通过该模式进行的（见图 5－9）。奇瑞主要通过跟意大利宾尼法瑞纳公司、意大利博通公司、日本 SIVAX 公司、韩国 CES 公司合作进行学习创新，逐渐掌握了整车设计的核心技术；底盘主要通过跟英国莲花汽车公司、日本三菱公司和德国 SACHS 公司合作进行学习创新，掌握了底盘的核心技术；通过跟顶尖公司荷兰 VDT 公司合作，创造出了拥有自主知识产权的 VCT 变速箱；在整车性能测试方面，主要跟英国 MIRA 公司进行学习，掌握了整车性能的测试、试验核心技术。在同国际顶尖级公司进行合作学习、吸收消化，掌握了主关键组件和流程核心技术的同时，奇瑞不断培养自己的供应商体系，同江森、德尔福、李尔、强森等一些世界顶级的零部件供应商进行合作学习，掌握关键组件的核心技术。此外，奇瑞同国内外知名大学如清华大学、天津大学、上海交通大学进行合作创新，不断积累技术知识。在 2009 年年底，通过外部合作公司的培养，奇瑞已经完全掌握了汽车核心企业的主关键组件（发动机、底盘、变速箱和发动机电子管理系统）和关键流程（整车设计、整车测试）的核心技术，其专利申请量迅速增长。

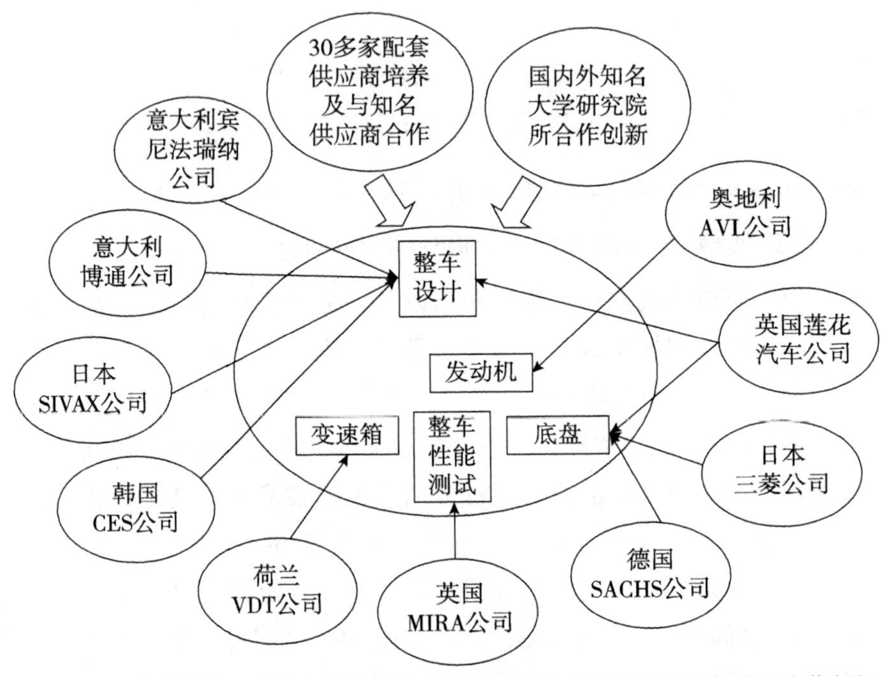

图 5-9 汽车核心企业奇瑞主关键组件掌握阶段与外部创新主体的依附型合作创新

因此不难看出，该阶段是奇瑞掌握主关键组件和流程的阶段。奇瑞在产品创新中主要依靠与技术顶尖公司的依附型合作进行创新，创新中通过跟外部合作主体的亲密接触和强关系进行知识快速学习、吸收和消化，掌握了主关键组件的核心技术。在该阶段，外部创新网络依然存在绝对优势，内部创新网络也在不断完善，主关键组件部门和流程部门已经形成，企业完全掌握了核心技术，外部创新网络对内部创新网络有一个直接培养的过程。在此阶段，外部依附型合作创新是关键，在企业成长中起着重要作用。其与本书 CAS 仿真结论相一致。

3. 自主创新能力完善阶段（2010 年至今）

奇瑞已经掌握了从整车到各主关键组件的核心技术，但由于这些技术与产业领头羊的核心技术，差距较大，并且奇瑞很难通过合作获取第一档技术，奇瑞认识到，要想做大、做强、做久，就必须创造中高端产品。因此，奇瑞重新调整了自己的创新策略，一方面对主关键组件技术进行不断突破创新，另一方面进行体系化创新，实现整体推进。基于这样的创新策略，奇瑞通过内部研发，努力在发动机和变速箱核心技术方面取得突破性创新，2010 年奇瑞第 2 代发动机上线，型号更多，排量更大，奇瑞在一些先进技术领域开始了对合资品牌的“跟跑”。2017 年奇瑞第 3 代发动机推出，这款发动机在升功率、热效率以及先进零部件集成技术上，均达到了与国际主流品牌的性能水平。在变速箱方面，奇瑞也在不断改造升级，推出了 CVT25 变速箱，并进行了 CVT28（蓝驱版）变速箱以及 CVT38（混动版）的技术储备。在系统化创新方面，奇瑞更加注重研发系统的完善和内部创新网络的协同创新。一方面奇瑞不断完善整合研发设计流程，2011 年成立了预研与共用技术院，将预研体系引入研发流程；另一方面奇瑞对既有研发体系进行优化整合，形成矩阵式研发体系，组建协同研发模式，各整车项目组与技术中心及各子项目组不断进行联系，形成有机整体。只有这样奇瑞的整体创新产品才会周期更短、质量更高。开发一款新车的周期，从过去的 42 个月，缩短到现在的 24 个月，故障率也大大降低。在这一过程中，外部创新网络主体为奇瑞提供资源补充，除了一些次要组件被外部创新网络主体控制，关键组件都由核心企业控制，奇瑞在合作创新中处于主导地位和技术方向控制地位，拥有绝对话语权，外部创新网络对创新绩效的作用比较间接，主要通过内部研发体系来体现。

这说明了核心企业奇瑞在掌握了关键组件和流程核心技术之后，为了追赶行业巨头，在个体关键技术上不断充实进行突破创新的同时，也在不断完善自己的创新系统和关键组件核心能力，注重内部创新网络在创新中的协同作用和主导作用。因此在该阶段的发展中，奇瑞更加注重内部创新网络的技术内生作用和协同作用，外部创新网络仅仅是内部创新网络资源的补充，外部创新网络通过内部创新网络起作用。这与本书 CAS 仿真结论一致。

5.7 研究结论

笔者从动态演化视角，研究了汽车核心企业在成长过程中内外创新网络的作用机制及对创新绩效的作用规律，通过理论推演、计算机仿真、案例验证，得出以下结论。汽车核心企业内外创新网络对创新绩效作用规律如图 5－10 所示，汽车核心企业成长每阶段影响内外创新网络资源利用的关键参数如表 5－3 所示。

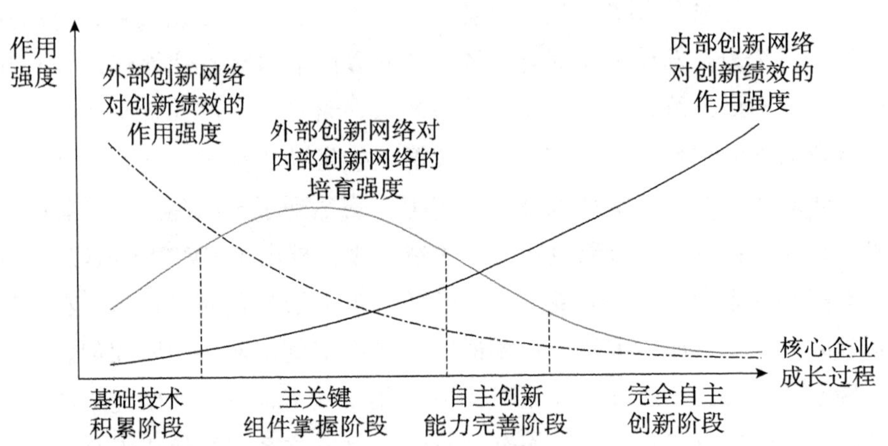

图 5－10　汽车核心企业内外创新网络对创新绩效作用规律

表 5－3　汽车核心企业成长每阶段影响内外创新网络资源利用的关键参数

	基础技术积累阶段	主关键组件掌握阶段	自主创新能力完善阶段	完全自主创新阶段
内部主关键组件部门技术自主学习内生能力	最强	强	强	强
内部主关键组件部门同外部创新网络的合作学习能力	弱	最强	强	弱
内部主关键组件部门的合作协同能力	弱	弱	强	最强

在汽车核心企业成长过程中，内外创新网络的相互作用及对创新绩效的作用呈现四阶段规律：首先是基础技术积累阶段，外部创新网络对内部创新网络成长具有间接培育作用，外部创新网络对核心企业创新绩效的影响具有主导性和控制性；其次是主关键组件掌握阶段和自主创新能力完善阶段，外部创新网络对内部创新成长具有直接培育作用，在对核心企业创新绩效影响中，外部创新网络对内部创新网络的替代作用和互补作用并存，内部创新网络各主体的合作协同和内部技术内生在创新绩效中的主导作用越来越明显；最后是完全自主创新阶段，外部创新网络在核心企业创新绩效中仅仅是互补作用，对创新绩效的直接作用非常有限，主要通过内部创新网络间接作用于创新绩效，内部创新网络完全是创新绩效的主导者。

在上述规律中，外部创新网络多样化的网络资源对内部创新网络的培育及对创新绩效的影响将受到内部创新网络主体的技术自主学习内生能力、同外部创新网络合作学习能力、内部合作协同能力的制约。其中，内部创新网络主体的技术自主学习内生能力是企业可持续成长的根本，是企业成长的长期、重要的影响因素。特别是企业在成长的初期阶段，主要依靠内部主体自主学习积累基础知识；企业在发展的高级阶段，依靠自主技术内生进行原始性创新，对企业继续成长发挥着决定性的作用；企业在成长的中级阶段，外部创新网络的合作学习能力在技术能力快速积累中发挥着决定性的作用。企业只有通过跟技术先进主体合作，努力学习其显性知识和隐性知识，才能快速积累第二档和第三档技术，以便快速掌握关键组件的核心技术，保持在本土市场的竞争力，不被市场淘汰。内部创新网络主体的合作协同在核心企业发展的中高级阶段作用凸显。当核心企业掌握了核心技术，研发系统较为完善时，企业不但注重关键组件的个体创新，更加注重整体产品的创新，包括对精度和质量的要求，企业创新过程中的内部创新网络合作协同将会在创新绩效中发挥着越来越重要的作用。

在汽车核心企业成长的不同阶段，内外创新网络会有不同的作用机制，对创新绩效也有不同的作用规律。我国汽车核心企业特别是国有企业，虽然经历了多年的发展，但是仍然没有完全掌握主关键组件的核心技术，关键原因是没有注重外部创新网络资源的培育作用，技术学习能力和同外部创新网络合作学习的能力都较低，导致成长缓慢，逐渐被后起的自主品牌汽车核心企业所赶超。

5.8 本章小结

本章在厘清了汽车核心企业内外创新网络对创新绩效影响机理的基础上，分析了汽车核心企业成长过程中内外创新网络的相互作用机制，以及对创新绩效作用规律的演化。第一，通过理论分析，构建了汽车核心企业成长过程中内外创新网络相互作用机制及对创新绩效作用规律的理论模型；第二，依据 CAS 理论，构建了汽车核心企业成长过程中内外创新网络相互作用过程及对创新绩效影响的仿真模型；第三，通过计算机多次仿真，得出合理的汽车核心企业成长过程以及内部创新网络完善过程，在此基础上通过改变核心参数，挖掘出在汽车核心企业成长不同阶段，内外创新网络的作用机制及对创新绩效的作用规律，同时找到在每个阶段起最关键作用的参数；第四，通过案例分析，验证上述规律。第五，得出研究结论：在汽车核心企业成长过程中，外部创新网络对创新绩效的影响在逐渐减弱，内部创新网络对创新的影响在逐渐增强，二者由替代关系逐渐演化为互补关系。其中，外部创新网络对内部创新网络具有培育作用，在企业成长不同阶段，培育强度相异，最重要的影响参数也相异。该研究结论从动态演化视角研究了内外创新网络的作用规律及对创新绩效的影响规律，是对目前静态研究的补充和延伸，为我国汽车核心企业在不同成长阶段采用不同的资源利用战略和学习策略提供了一定的实践指导。

第 6 章　研究启示与应用

6.1　汽车核心企业创新网络模式的研究启示与应用

6.1.1　研究启示

通过汽车核心企业整车创新中应采用的网络模式及其结构特征研究，发现对于整车产品这种高复杂度、高科技含量的创新产品而言，不应采用链式独立型网络模式，而应采用网式整合型网络模式。网式整合型网络模式会促使核心创新主体之间连接密度增大且交流强度提高，组织内部各部门、各专业交叉重叠，外部主要的供应商、高校及科研机构也能够灵活、主动、高频次地参与核心创新团队，产品创新知识和信息能够在核心创新网络中快速传播给直接需求者，不需经过复杂烦琐的程序，进而降低了创新的风险，提高了创新的速度和质量。同时，在网式整合型网络模式中，企业为了最快速整合资源，在核心创新主体外围建立了一些弱连接主体，通过这些主体可以搜索到前沿技术以及基础技术等资源，加速了外部技术获取，核心企业通过核心创新网络对这些技术进行再开发利用，制造出适合市场的新产品，进而加快了企业新产品的研发速度并减少了研发成本。

但是，企业在利用网式整合型网络模式组织创新网络时，应把握一定的尺度，内部创新网络主体跨部门的连接并非越多越有利于创新绩效的提高，而是基于各部门内部高度密切合作的基础上，需要一定的跨部门连接和交流，也就是说整个创新网络的模块性还是比较明显的。此外，创新中各部门之间、部门中的个体之间并非交流次数越多越有利于创新绩效提高，过多次数的交流会影响各个部门及个体创新资源的损耗，进而影响自主创新水平发挥，最终严重影响创新绩效。

6.1.2 研究应用

基于上述研究启示，我国汽车核心企业在整车创新中应该意识到通过网式整合型网络模式来有效整合资源提高竞争优势的重要性。那么应该如何将这个网络模式具体应用到企业的整车创新中？主要有以下几个途径。

第一，核心企业应该实施真正开放的创新，培育自己的核心供应商，让其作为创新团队的核心成员之一，承担创新任务及创新成本，在此过程中，核心企业作为桥梁促使自己的核心供应商与国际先进供应商建立合作伙伴关系；与高校和科研机构建立长期紧密的合作关系，通过共同建立实验室或者共同成立公司的形式，把一些专业技术能力很强的高校及科研机构作为创新团队核心成员纳入整车创新；跟国内同行业的其他核心企业进行资源互补合作，共同进行核心技术攻坚。

第二，鉴于与供应商、高校及科研机构、同行合作的优势，我国政府在对核心企业进行直接扶持的基础上，还应该注重对核心零部件供应商企业进行自主创新引导和政策资金支持，帮助其掌握核心技术，进而能够更好作为核心企业的核心创新团队成员承担创新任务；政府应起桥梁作用，促使国内核心企业进行合作，对此类合作进行资助；政府应鼓励核心企业积极利用高校及科研机构的技术资源，进行政策引导和项目资助。

第三，我国汽车核心企业应该选择灵活的创新组织，加强内部各创新部门的交叉合作，采用扁平化的组织管理结构，上级管理层能够对下级管理层放权和激励，激发研发人员创新的主动性和积极性，同时下级具有创意概念的研发人员能与上级可以调动资源实现该概念的管理人员建立联系，交流通畅；企业采用轮岗制、跨专业创新小组以及非正式会议等方式加强各创新部门之间的联系和交流，形成开发阶段各部门交叉重叠的结构，培养跨部门合作和责任共担的集体主义精神。

第四，我国汽车核心企业在注重培养创新过程中核心参与者进行自主创新的同时，不能忽视借助外部已有技术的力量，应该意识到通过外部技术搜索，引进开发利用外部技术，将其融入产品创新。这样的利用式创新对提高核心企业的竞争力具有巨大的促进作用。企业应该注重同技术领先的核心企业、供应商、高校和科研机构建立连接，创造机会让技术人员去参观学习培训。

6.2 汽车核心企业创新网络对创新绩效影响机理的研究启示与应用

6.2.1 研究启示

通过汽车核心企业创新网络对创新绩效作用机理的研究，发现在核心企业内部创新网络中，共同愿景发挥着基础性的推动作用。外部创新网络中的网络规模对知识创新的作用并不显著。而网络密度和关系强度要强于网络规模的作用，在产品创新的知识整合和知识创新中起着较大的直接促进作用，特别是创新主体间的关系强度。在作用机理研究中，发现了核心企业外部创新网络和内部创新网络之间存在着显著的相关关系，外部创新网络主要通过内部创新网络作用于创新绩效。这说明了企业的外部创新网络资源与内部创新网络资源是相互补充和相互作用的，并且内部创新网络资源是核心和关键，如果不能很好地利用企业内部创新网络资源，那么对外部创新网络资源的利用将会大打折扣。

6.2.2 研究应用

基于上述研究启示，关于我国汽车核心企业如何将这些作用机理应用到具体的实践操作中，笔者总结了以下几个方面的内容。

首先，我国汽车核心企业在创新中不能将内部创新主体和外部创新主体割裂开来，不能简单将外部技术拿到内部进行集成，而要意识到企业内外组织共同合作参与创新才更有利于创新产出。因此汽车核心企业在同外部主体合作时，要创造一切可能，让组织间的核心技术人员有更多的共同交流机会，将自己的技术人员派到对方那里进行合作创新，或者将对方的技术人员请进来进行合作创新，这样便于资源有效互补、隐性知识转移以及知识碰撞产生新知识。同时，鉴于外部创新网络主要通过内部创新网络才能更好地作用于创新绩效，汽车核心企业在面对外部容易获取技术的诱惑时，一定要清醒认识到内部创新网络是核心，是制约外部创新资源有效利用的关键。所以企业在利用外部网络资源时，更要注重企业内部各个部门之间创新协调的组织和管理，通过扁平化的组织结构、交叉轮岗制度、跨部门创新小组等形式促使内部创新网络高效协同，这有利于外部创新网络通过内部创新网络作用于创新绩效。

其次，汽车核心企业在组织管理内部创新网络资源过程中，要树立起能够激发创新团队合作创新的共同愿景，即共同目标和愿望。例如，汽车核心企业奇瑞的员工拥有“要创造出真正属于中国自己品牌的汽车”的共同愿景，在这样的共同愿景激励下，企业创新团队各员工的集体主义精神都很强烈，并将自己的命运同企业的前途紧密地联系在一起，因此在创新工作方面会不计较个人得失、部门得失，而是以大局为重，进行集体合作创新。

最后，汽车核心企业在组织利用外部创新网络资源时，不应一味扩充合作主体数量，而应在确定一定范围的合作主体后，把更多的注意力放在跟这些主体合作的质量上，只有同合作伙伴进行长期、多次互惠合作，建立信任关系，合作伙伴才愿意将隐性知识及先进知识溢出，进行共享，二者合作创新的效果才能更为凸显。例如，汽车核心企业奇瑞跟国际著名的 AVL 公司进行长期合作，长城汽车与美国博格华纳进行长期合作，都取得了较好的成绩。同时，核心企业要充当中间人，为网络中主体搭建沟通交流的桥梁，促使跟自己合作的主体之间也建立连接关系，特别是供应商之间、供应商与高校及科研机构之间、高校及科研机构之间的合作关系，这样整个网络的高密度合作会让核心企业的资源整合利用事半功倍。

6.3 汽车核心企业创新网络对创新绩效作用规律的研究启示与应用

6.3.1 研究启示

通过研究汽车核心企业成长过程中内外创新网络对创新绩效的作用规律，发现在汽车核心企业成长的每个阶段，其内外创新网络的相互作用机制及其在创新绩效中发挥的作用是有差异的，并且该机制和作用是演化的，呈现一定的规律，该规律具有普适性特征。其中，在企业成长的初级阶段，外部创新网络主导着企业的创新方向和绩效，对内部创新网络具有间接的培育作用，这种间接培育作用就体现在内部创新网络对外部购买技术的学习和吸收过程；在企业成长的中级上阶段，外部创新网络对核心企业的创新方向和创新绩效的主导作用有一定减弱，但外部创新网络对内部创新网络的培养是直接的，内部创新主体与外部主体共同合作开发核心主关键组件，通过外部主体对内部主体的直接培育，内部创新主体掌握了核心技术；在企业成长的中级下阶段，外部创新网络的主导作用演变为辅助、外围作用，内部创新网络成为创新的主导，把控着企业的创新方向和绩效，并且该阶段企业内部创新网络主体间的合作协调作用在绩效中的作用凸显；在企业成长的高级阶段，核心企业的外部创新网络的作用完全演变为外围作用，并且外部创新网络在创新中主要依靠内部创新网络作用于创新绩效，核心企业内部创新网络完全控制和决定着创新绩效水平。

6.3.2　研究应用

通过上述研究启示，我国汽车核心企业应该明确，在企业发展不同阶段，要采用不同的发展战略，对内外创新网络资源采用不同的利用策略，有所侧重。

在企业发展的初级阶段，核心企业由于受资金、技术的限制，主要依靠外部技术搜索、技术购买，快速组装整车上市，赢得生存及研发资金。但是核心企业应该明白，要想使企业真正可持续发展，打造拥有充足竞争力的自主品牌，必须依靠企业自己掌握核心技术和研发先进技术，技术搜索和技术购买只是一个朝最终方向努力的手段和过程。因此核心企业在该阶段应该注重企业内部各部门通过逆向开发等手段对购买核心技术的学习和吸收，这是企业下一步发展的基础，同时建议核心企业选取满意的技术购买对象进行长期合作，这也为企业的下一步发展提供了可能。

当核心企业对流程以及主关键组件的基础知识积累到一定程度时，企业应该改变内外资源的利用战略，不应采用外部技术购买、内部逆向开发学习的策略，而应该积极寻求外部先进技术的创新主体，跟这些主体合作，共同开发主关键组件，让双方技术人员多接触、多交流，在共同的办公室、实验室工作。该过程相当于外部主体对内部主体的培训过程，通过培训，内部创新主体掌握关键组件核心技术的速度要比单独逆向开发学习的速度快得多。当然，实现该过程的前提是找到合适的合作伙伴。建议企业在发展初级阶段就跟比较认可的、具备先进技术的合作伙伴建立长期的合作关系，进而为以后的共同合作开发奠定基础。

当核心企业掌握了整车创新过程中的主关键组件和流程的核心技术，同外部创新网络主体的共同开发合作未必会利大于弊，因为外部创新网络主体不会将自己的看家本领——前沿核心技术溢出给核心企业，核心企业应该依靠内部创新网络主体的自主研发，对核心技术进行进一步升级。但是这里的自主研发并不是原始创新，这样周期太长、风险太大。核心企业可通过外部技术搜索、技术嫁接的方式进行核心技术升级，制造出适合市场需求的创新产品。此外，核心企业应该开始注重内部整个研发系统的完善性和协同性，采用扁平化的组织管理模式促进各个部门之间的交叉合作以及信息流动通畅，进而提高产品的创新效率和质量。

当核心企业拥有完善和高效的研发系统，能够生产出高质量的产品时，核心企业也就具有了同领先汽车核心企业相抗衡的竞争力。此时，由于竞争对手对核心技术严加保密，核心企业通过引进外部技术进行嫁接来对核心技术进行升级的机会越来越少。核心企业在通过此种方法进行创新的同时，应该注重内部创新网络主体原始创新的重要作用，即核心企业内部创新网络主体的技术原始内生能力，它将为企业此后的高速发展提供更大的空间。

6.4 本章小结

本章基于第 3 章中汽车核心企业创新网络模式的研究过程和结论、第 4 章中汽车核心企业创新网络对创新绩效影响机理的研究过程和结论、第 5 章中汽车核心企业成长过程中创新网络对创新绩效作用规律的研究过程和结论，利用三个独立小节系统分析了每个研究过程和结论的启示，并针对我国汽车核心企业如何将这些启示应用到实际操作中提出了一些建议。

第 7 章　研究结论与展望

将内部创新网络纳入创新网络范畴，使创新网络研究更为系统和完善，基于该出发点研究大型制造业核心企业创新网络将是一个比较好的选题和方向。本书以汽车核心企业为对象，探究整车创新中创新网络对创新绩效的影响机理和动态作用规律。研究按照找出网络原型—厘清网络作用机理—机理应用的逻辑顺序逐步展开。第 3、4、5 章是本书的核心章节，第 3 章提出了有利于整车产品创新绩效提高的创新网络模式，进而明确了整车创新中的网络结构，为第 4 章的研究提供了网络原型；第 4 章将该网络原型拆分为内外创新网络，通过实证分析，进一步明确了该网络结构中内外创新网络各个特征变量对创新绩效的影响机理和内外创新网络相互作用对创新绩效的影响机理；第 5 章探析了汽车核心企业成长过程中内外创新网络的相互作用及对创新绩效的动态作用规律，是对第 3 章和第 4 章研究结论的应用，在模型设计过程中应用了第 3 章的强网络结构结论，并利用第 4 章内外创新网络相互作用原理解释了为什么内部创新网络会演化为核心，提升了研究的完整性。上述三部分内容构成了本书的三个核心创新点，其研究结论也构成了本书的主要结论。

7.1　主要研究结论

第一，针对汽车核心企业整车研发过程中应采用什么样的网络组织模式及其响应结构的结构特征问题，笔者通过案例分析法归纳出典型的创新网络模式和响应结构；运用复杂网络建模仿真方法分析出有利于提高整车产品创新绩效的创新网络模式和复杂结构特征；从知识观视角阐明该结论的合理性；运用相关文献对该结论进行部分验证。主要研究结论包括：当核心企业采用网式整合型网络模式时，会特别注重资源的整合创新，为信息和知识的快速扩散和共享提供一切机会和可能，鼓励内部研发部门、生产部门、销售部门及职能部门模糊组织边界，高度融合，激励外部一级供应商和科研机构同内部相关部门建立信任、互惠和长期合作互动的强关系；同时，为了获取比较前沿的创新知识，以便在此基础上进行技术嫁接创新核心企业，还与一些其他核心企业和科研机构建立了相对较弱的合作关系，这就形成了以核心企业内部研发部门为核心的内强外弱的双网络结构。在这种网络模式和强弱相结合的网络结构驱使下，企业既保障了汽车各组件之间及各组件和整车之间的快速匹配和创新目标快速达成，又保障了产品创新的可持续。通过对前沿信息和技术的获取，企业能够迅速对市场做出反应，通过吸收、消化前沿技术进行嫁接创新，加快产品创新和进入市场的速度。因此，对于汽车这种高复杂度、高关联性产品的创新而言，网式整合型网络模式和开放网式中心外围型双网络结构是极佳的选择。同时在网式整合型网络模式响应的双网络结构中，中心网络的强网络结构是核心，是外围网络有效发挥作用的充分条件和前提条件，因此，相对于外围的弱网络结构，核心企业更应该注重中心强网络结构的培养。

第二，针对汽车核心企业创新网络对创新绩效的影响机理问题，笔者建立了内外创新网络对创新绩效的研究框架；通过理论分析提出了 31 个研究假设和 2 个概念模型；依据实证研究步骤和结构方程模型工具，完成结构方程模型检验，修正概念模型。主要得出以下研究结论。①汽车核心企业内部创新网络和外部创新网络之间存在显著的互动关系，二者互补对创新绩效的影响更为显著，并且外部创新网络对整车创新绩效的直接作用较小，主要通过内部创新网络作用于创新绩效，内部创新网络起着非常关键的中介作用。这表明我国汽车核心企业在整合内外创新网络资源时，需注重内部创新网络主体和外部创新网络主体的协同，要更加注重对内部创新网络的培育，否则即使拥有优越的外部创新网络资源也不能很好地利用。②外部创新网络中，网络规模较有利于企业收集显性知识，但是不利于企业整合和创新隐性知识，对创新绩效的作用具有较大局限性，而关系强度和网络密度对企业整合和创新显性和隐性知识的作用显著，对创新绩效的影响较大，特别是关系强度的培育。这表明汽车核心企业在创新过程中仅仅注重扩大网络规模来提高知识获取、整合和创新是不可靠的，应该以核心企业作为桥梁加强网络中成员的连接，更应注重培养同外部主体间的关系，形成信任、互惠的强关系，只有这样才可能达到核心企业实行开放性创新的目的。③内部创新网络中，创新主体的共同愿景对网络关系和网络结构的培育起着基础性的推动作用。这表明汽车核心企业要提高内部创新网络的效率，首先要树立共同愿景，促使各创新部门具有共同的奋斗目标和使命感，对自主创新及创新中的合作达成共识；其次要创造各种平台和机会，促使内部各创新部门之间进行沟通和交流，使信息畅通、交流顺畅。

第三，针对汽车核心企业成长过程中内外创新网络的作用机制及对创新绩效的作用规律问题，笔者首先通过理论分析，提出内外创新网络对创新绩效的四个阶段作用规律模型，然后依据CAS理论，设计模型，实现仿真，再现了汽车核心企业的四个阶段成长过程和内部创新网络完善过程，挖掘了内外创新网络对创新绩效的动态作用规律及关键影响因素，最后运用汽车核心企业奇瑞的案例验证该结论。主要研究结论包括以下几点。①在汽车核心企业四个阶段成长过程中，内外创新网络在不同阶段对创新绩效的作用强度相异，具有一定的规律性，并且外部创新网络对内部创新网络具有培育作用，培育作用的强度随着企业的成长呈现倒“U”形，即该作用在基础技术积累阶段较弱，在主关键组件掌握阶段最强，在完全自主创新阶段最弱。②该规律中，内部创新网络的技术学习内生能力是企业可持续成长的根本，是企业成长的长期重要影响因素，特别是在企业的成长初期阶段，企业主要依靠自主学习积累基础知识。在企业发展的高级阶段，企业依靠自主技术内生进行原始性创新，技术学习内生能力对企业的继续成长发挥着决定性的作用。③外部合作学习能力在企业成长的中级阶段发挥着决定性的作用。企业只有通过跟技术先进的主体合作，努力学习显性知识和隐性知识，才能快速积累第二档和第三档技术，快速掌握关键组件的核心技术，能够保持在本土市场的竞争力，不被市场淘汰。④内部创新网络的合作协同在核心企业发展的中高级阶段作用凸显。当核心企业掌握了核心技术，研发系统较为完善时，企业不但注重关键组件的个体创新，更加注重整体产品的创新，企业创新过程中的内部创新网络合作协同将会在创新绩效中发挥越来越重要的作用。

7.2 研究不足与展望

本书以汽车核心企业为对象，研究了其内外创新网络的组织模式、响应结构及对创新绩效的作用机理和规律。但是由于研究问题本身极为复杂，加之笔者学术能力有限，本书还存在着一些不足，主要表现为以下几个方面。

首先，汽车核心企业整车创新中内外创新网络的网络模式分析，仅仅以美国和日本汽车核心企业作为典型案例，总结出有利于提高创新绩效的网络模式。这样做虽然达到了本书的研究目的，但是如果将欧洲汽车核心企业、韩国汽车核心企业的创新网络组织模式纳入分析框架，分析出更多有利于整车创新的网络组织模式，本研究将更为饱满。

其次，汽车核心企业创新网络对创新绩效的作用机理研究，由于地域及研究条件的限制，仅以我国自主品牌、外资品牌、跨国汽车核心企业作为样本数据来源，总体样本数量还比较少，虽然能够用来进行实证分析达到研究目的，但是可靠性还是不足，需要扩大样本数量，使研究的结论更具有可靠性。

最后，由于汽车核心企业成长过程中的内外创新网络相互作用的模型极其复杂，任务量极其庞大，在不影响本书研究结果的前提下，为了简化模型，笔者假设每个内部创新主体可以选择的外部创新主体为固定数量，并且假设外部创新主体之间的连接对内部创新主体的影响和对创新绩效的影响较小，在本书中忽略不计。但在现实中，每个企业的内部创新主体在选择外部合作主体时，选择的对象是比较随机的，合作对象的数量也是变化的，同时外部创新网络主体的连接对内部创新主体的创新绩效和企业整体的创新绩效都会有一定的影响。所以虽然这样做达到了本书的研究目的，但是构建的模型并不够精确和严密。

总之，本书关于汽车核心企业内外创新网络模式及其作用机理和规律的研究属于一种探索性的研究，所得结论尽管能够阐释现实存在的机理和规律，也有助于现实问题的解决，但仍然存在一些不太准确和严密的地方。此外，仿真模型及所得结论的验证历来是仿真类研究方法的难点，现存条件只允许笔者对本书所构建的仿真模型及其结论进行一些简单的基本验证，疏漏之处在所难免，这也有待于未来进一步完善。

基于上述不足，笔者针对汽车核心企业创新网络的研究提出了以下展望。

第一，汽车核心企业整车创新过程是一个高复杂度、高关联度和长周期的研发过程，那么欧美汽车核心企业、韩国汽车核心企业在整车创新过程中的网络组织模式是什么样的？是否跟日本汽车核心企业的网络组织模式有差异？是否能够探索出更有助于创新绩效提高的网络组织模式，并能够利用创新网络理论对其进行解释？对以上问题进行探索将为研究汽车核心企业创新网络提供更多帮助。

第二，在汽车核心企业成长过程中内外部创新网络的相互作用机制和对创新绩效的作用规律研究中，应用 CAS 建模仿真将是比较适合的研究方法。可以将外部创新主体进行分类，如竞争企业、国外供应商、国内供应商等，研究它们在汽车不同成长阶段对内部创新网络的作用机制是什么，是否内部创新网络对外部创新网络也有培育作用，以补充和完善现有研究结论。

第三，汽车核心企业成长过程中内外部创新网络的相互作用机制和对创新绩效的作用规律研究中，应用 CAS 建模仿真将是比较适合的研究方法。接下来可以设计更为系统和精确的仿真模型，将汽车核心企业的成长过程、外部创新网络结构、内部创新网络结构、外部创新网络主体与内部创新网络主体的相互作用纳入一个研究框架，得出更为细化和可以量化的研究结论。

参考文献

[1] DE BRESSON C, AMESSE F. Networks of innovators a review and introduction to the issue [J]. Research policy, 1991, 20 (5): 363 – 379.

[2] FREEMAN C. Networks of innovators: a synthesis of research issues [J]. Research Policy, 1991, 20 (5): 499 – 514.

[3] 沈必扬，池仁勇．企业创新网络：企业技术创新研究的一个新范式 [J]. 科研管理，2005 (3): 84 – 91.

[4] 任宗强，吴海萍，丁晓．中小企业内外创新网络协同演化与能力提升 [J]. 科研管理，2011，32 (9): 7 – 14.

[5] 邬爱其，魏江．集群企业成功创新的网络模式及其动态匹配：浙江省的实证考察 [J]. 中大管理研究，2007，2 (4): 72 – 92.

[6] 毛睿奕，曾刚．基于集体学习机制的创新网络模式研究——以浦东新区生物医药产业创新网络为例 [J]. 经济地理，2010，30 (9): 1478 – 1483.

[7] 郭莉．产业生态网络模式的比较分析：一个实证研究 [J]. 科研管理，2009，30 (4): 37 – 43.

[8] 陈新跃，杨德礼，董一哲．企业创新网络模式选择研究 [J]. 科学管理研究，2002 (6): 13 – 16，6.

[9] 邹文杰．企业网络模式探析 [J]. 上海商学院学报，2006，7 (1): 36 – 40.

[10] 郭永辉．我国航空制造企业合作创新网络模式研究 [J]. 科技管理研究，2012，32 (16): 22 – 26.

[11] 周立新．家族涉入视角的家族企业网络模式研究 [J]. 重庆大学学报（社会科学版），2010，16 (6): 49 – 54.

[12] VANHAVERBEKE W, GILSING V, BEERKENS B, et al. The role of alliance network redundancy in the creation of core and non – core technologies

[J]. Journal of management studies, 2009, 46 (2): 215 - 244.

[13] MALERBA F, ORSENIGO L, PERETTO P. Persistence of innovative activities, sectoral patterns of innovation and international technological specialization [J]. International journal of industrial organization, 1997, 15 (6): 801 - 826.

[14] MALIPIERO A, MUNARI F, SOBRERO M. Focal firms as technological gatekeepers within industrial districts: knowledge creation and dissemination in the Italian packaging machinery industry [R]. Danish Research Unit for Industrial Dynamics (DRUID) Working Dissertations, 2005.

[15] ESCRIBANO A, FOSFURI A, TRIBÓ J A. Managing external knowledge flows: the moderating role of absorptive capacity [J]. Research policy, 2009, 38 (1): 96 - 105.

[16] PITTAWAY L, ROBERTSON M, MUNIR K, et al. Networking and innovation: a systematic review of the evidence [J]. International journal of management reviews, 2004, 5 - 6 (3 - 4): 137 - 168.

[17] GAY B, DOUSSET B. Innovation and network structural dynamics: study of the alliance network of a major sector of the biotechnology industry [J]. Research policy, 2005, 34 (2): 1457 - 1475.

[18] BRASS D J, GALASKIEWICZ J, GREVE H R, et al. Taking stock of networks and organizations: a multilevel perspective [J]. Academy of management journal, 2004, 47 (6): 795 - 817.

[19] GULATI R. Alliances and networks [J]. Strategic management journal, 1998, 19 (4): 293 - 317.

[20] HARRIS L, COLES A M, DICKSON K. Building innovation networks: issues of strategy and expertise [J]. Technology analysis and strategic management, 2010, 12 (2): 229 - 241.

[21] HÄUSLER J, HOHN H W, LÜTZ S. Contingencies of innovative networks: a case study of successful interfirm R&D collaboration [J]. Research policy, 1994, 23: 47 - 66.

[22] HAGEDOORN J. Strategic technology partnering during the 1980s: trends, networks, and corporate patterns in non - core technologies [J]. Research

policy, 1995, 24: 207 -231.

[23] 王大洲．企业创新网络的进化与治理：一个文献综述［J］．科研管理，2001（5）：96 -103.

[24] 霍云福，陈新跃，杨德礼，等．企业创新网络研究［J］．科学学与科学技术管理，2002（10）：50 -53.

[25] 张帆．企业创新网络生成与构建成因及条件分析［J］．科学管理研究，2005（4）：5 -8.

[26] NONAKA I, TAKEUCHI H. The knowledge - creating company [M]. Oxford: Oxford University Press, 1995.

[27] GOPALAKRISHNAN S, DAMANPOUR F. A review of innovation research in economics, sociology and technology management [J]. Omega, 1997, 25 (1): 15 -28.

[28] 陈守明．现代企业网络［M］．上海：上海人民出版社，2002.

[29] GULATI R, NOHRIA N, ZAHEER A. Guest editors' introduction to the special issue: strategic networks [J]. Strategic management journal, 2000, 21 (3): 199 -201.

[30] COHEN W M, LEVINTHAL D A. Absorptive capacity: a new perspective on learning and innovation [J]. Administrative science quarterly, 1990, 35 (1): 128 -152.

[31] TIDD J, BESSANTT J, PAVITT K. Managing innovation: integrating technological, market and organizational change [M]. Chichester: Wiley, 1997.

[32] ACHROL R S, KOLTER P. Marketing in the network economy [J]. Journal of marketing, 1999, 63: 146 - 163.

[33] MOENAERT R K, CAELDRIES F. Architectural redesign, interpersonal communication, and learning in R&D [J]. Journal of product innovation management, 1996, 13 (4): 296 -310.

[34] NAHAPIET J, GHOSHAL S. Social capital, intellectual capital, and the organizational advantage [J]. Academy of management review, 1998, 23 (2): 242 -266.

[35] PODOLNY J M, PAGE K L. Network forms of organization [J]. Annual re-

view of sociology, 1998, 24: 57 - 76.

[36] TSAI W, GHOSHAL S. Social capital and value creation: the role of intrafirm networks [J]. Academy of management journal, 1998, 41 (4): 464 - 476.

[37] TSAI W. Social capital, strategic relatedness and the formation of intraorganizational linkages [J]. Strategic management journal, 2000, 21: 925 - 939.

[38] TSAI W. Knowledge transfer in intraorganizational networks: effects of network position and absorptive capacity on business unit innovation and performance [J]. Academy of management journal, 2001, 44 (5): 996 - 1004.

[39] 陈娟, 王文平. 知识型企业内部创新网络创新激励策略研究 [J]. 管理学报, 2008 (4): 537 - 541.

[40] 陈娟. 知识型企业内外部创新网络协同管理策略研究 [J]. 科技管理研究, 2011, 31 (20): 171 - 174.

[41] 嵇登科. 企业网络对企业技术创新绩效的影响研究 [D]. 杭州: 浙江大学, 2006.

[42] 任胜钢, 宋迎春, 王龙伟, 等. 基于企业内外部网络视角的创新绩效多因素影响模型与实证研究 [J]. 中国工业经济, 2010 (4): 100 - 109.

[43] MILLER R, HOBDAY M, LEROUX - DEMERS T, et al. Innovation in complex system industries: the case of flight simulation [J]. Industrial and corporate change, 1995, 4 (2): 363 - 400.

[44] GITTELL J H, WEISS L. Coordination networks within and across organizations: a multi - level framework [J]. Journal of management studies, 2004, 41 (1): 127 - 153.

[45] PARUCHURI S. Intraorganizational networks, interorganizational networks, and the impact of central inventors: a longitudinal study of pharmaceutical firms [J]. Organization science, 2010, 21 (1): 63 - 80.

[46] TSAI K H, WANG J C. Inward technology licensing and firm performance: a longitudinal study [J]. R&D management, 2007, 37 (2): 151 - 160.

[47] TSAI K H. Collaborative networks and product innovation performance: toward a contingency perspective [J]. Research policy, 2009, 38 (5): 765 - 778.

[48] TSAI K H, WANG J C. External technology sourcing and innovation perform-

ance in LMT sectors: an analysis based on the Taiwanese technological innovation survey [J]. Research policy, 2009, 38 (3): 518 -526.

[49] COLEMAN J S. Social capital in the creation of human capital [J]. American journal of sociology, 1988, 94: 95 - 120.

[50] BURT R S. Structural holes: the social structure of competition [M]. Cambridge: Harvard Business School Press, 1992.

[51] BANERJI K, SAMBHARYA R B. Effect of network organization on alliance formation: a study of the Japanese automobile ancillary industry [J]. Journal of international management, 1998, 4 : 41 -57.

[52] 彭新敏. 企业网络对技术创新绩效的作用机制研究：利用性—探索性学习的中介效应 [D]. 杭州：浙江大学, 2009.

[53] 张伟峰, 万威武. 企业创新网络的构建动因与模式研究 [J]. 研究与发展管理, 2004 (3): 62 -68.

[54] 阮国祥, 阮平南, 于淑俐. 基于知识观的突破性创新网络组织模式研究 [J]. 情报杂志, 2012, 31 (10): 126 - 130.

[55] GRANOVETTER M S. The strength of weak ties [J]. American journal of sociology, 1973, 78 (6): 1360 - 1380.

[56] GRANOVETTER M. Economic action and social structure: the problem of embeddedness [J]. American journal of sociology, 1985, 91 (3): 481 -510.

[57] GRANOVETTER M. The impact of social structure on economic outcomes [J]. The journal of economic perspectives, 2005, 19 (1): 33 -50.

[58] HANSEN M T. The search - transfer problem: the role of weak ties in sharing knowledge across organization subunits [J]. Administrative science quarterly, 1999, 44 (1): 82 - 111.

[59] CALANTONE R, GARCIA R, DRÖGE C. The effects of environmental turbulence on new product development strategy planning [J]. Journal of product innovation management, 2003, 20 (2): 90 - 103.

[60] UZZI B, LANCASTER R. Relational embeddedness and learning: the case of bank loan managers and their clients [J]. Management science, 2003, 49 (4): 383 -399.

[61] 张首魁，党兴华．关系结构、关系质量对合作创新企业间知识转移的影响研究［J］．研究与发展管理，2009，21（3）：1－7，14.

[62] 杨锐，黄国安．网络位置和创新——杭州手机产业集群的社会网络分析［J］．工业技术经济，2005（7）：114－118.

[63] FRITSCH M，KAUFFELD－MONZ M. The impact of network structure on knowledge transfer：an application of social network analysis in the context of regional innovation networks［J］．The annals of regional science，2010，44（1）：21－38.

[64] REAGANS R，MCEVILY B. Network structure and knowledge transfer：the effects of cohesion and range［J］．Administrative science quarterly，2003，48（2）：240－267.

[65] 周密，赵文红，姚小涛．社会关系视角下的知识转移理论研究评述及展望［J］．科研管理，2007（3）：78－85.

[66] AHUJA G. Collaboration networks，structural holes and innovation：a longitudinal study［J］．Administrative science quarterly，2000，45：425－455.

[67] DYER J H，SINGH H. The relational view：cooperative strategy and sources of interorganizational competitive advantage［J］．Academy management review，1998，23（4）：660－679.

[68] SCHILLING M A，PHELPS C C. Interfirm collaboration networks：the impact of large scale network structure on firm innovation［J］．Management science，2007，53：1113－1126.

[69] PHELPS C C. A longitudinal study of the influence of alliance network structure and composition on firm exploratory innovation［J］．Academy of management journal，2010. 53（4）：890－913.

[70] HARGADON A，SUTTON R I. Technology brokering and innovation in a product development firm［J］．Administrative science quarterly，1997，42（9）：716－749.

[71] MCEVILY B，ZAHEER A. Bridging ties：a source of firm heterogeneity in competitive capabilities of pharmaceutical firms［J］．Strategic management Journal，1999，20（12）：1133－1156.

[72] ADLER P S, KWON S W. Social capital: prospects for a new concept [J]. Academy of management review, 2002, 27 (1): 17 -40.

[73] UZZI B. Social structure and competition in interfirm networks: the paradox of embeddedness [J]. Administrative science quarterly, 1997, 42 (1): 35 -67.

[74] GABBAY S M, ZUCKERMAN E W. Social capital and opportunity in corporate R&D: the contingent effect of contact density on mobility expectations [J]. Social science research, 1998, 27 (2): 189 -217.

[75] ROST K. The strength of strong ties in the creation of innovation [J]. Research policy, 2011, 40 (4): 588 -604.

[76] 约翰·霍兰. 隐秩序：适应性造就复杂性 [M]. 周晓牧，韩晖，译. 上海：上海科技教育出版社，2000.

[77] RICHIARDI M. LEOMBRUNI R. Industry and labor dynamics: the agent -based computational economics approach [M]. World Scientific Publishing Company, 2004.

[78] GILBERT N, AHRWEILER P, PYKA A. Learning in innovation networks: some simulation experiments [J]. Physica A: statistical mechanics and its applications, 2007, 378 (1): 100 -109.

[79] PYKA A, GILBERT N, AHRWEILER P. Simulating knowledge - generation and distribution processes in innovation collaborations and networks [J]. Cybernetics and systems, 2007, 38 (7): 667 -693.

[80] BRENNER T. Simulating the evolution of localised industrial clusters - an identification of the basic mechanism [J/OL]. Journal of artificial societies and social simulation, 2001, 4 (3) (2001 -06 -30) [2021 -08 -02]. https: //www. jasss. org/4/3/4. html.

[81] BRENNER T, WEIGELT N. The evolution of industrial clusters - simulating spatial dynamics [J]. Advances in complex systems, 2001, 4: 127 -147.

[82] FIORETTI G. Information structure and behaviour of a textile industrial district [J/OL]. Journal of artificial societies and social simulation, 2001, 4 (4). (2001 -10 -31) [2021 -08 -02] https: //www. jasss. org/4/4/1. html

[83] 付韬，张永安．核型集群创新网络演化过程的仿真——基于回声模型［J］．系统管理学报，2011，20（4）：406-415.

[84] CLARK K B，CHEW W B，FUJIMOTO T. Product development in the world auto industry［J］. Brookings papers on economic activity，1987（3）：729-771.

[85] CUSUMANO M A，NOBEOKA K. Strategy，structure and performance in product development：observations from the auto industry［J］. Research policy，1992，21（3）：265-293.

[86] LIKER J K，KAMATH R R，WATSI S N，et al. Supplier involvement in automotive component design：are there really large US Japan differences?［J］. Research policy，1996，25：59-89.

[87] PAULRAJ A，LADO A A，CHEN I J. Inter-organizational communication as a relational competency，antecedents and performance outcomes in collaborative buyer-supplier relationships［J］. Journal of operations management，2008，26（1）：45-64.

[88] PRAHINSKI C，BENTON W C. Supplier evaluations：communication strategies to improve supplier performance［J］. Journal of operations management，2004，22（1）：39-62.

[89] ZHANG C，HENKEJ W，GRIFFITH D A. Do buyer cooperative actions matter under relational stress? Evidence from Japanese and U. S. assemblers in the U. S. automotive industry［J］. Journal of operations management，2009，27（6）：479-494.

[90] SONG M，BENEDETTO C A. Supplier's involvement and success of radical new product development in new ventures［J］. Journal of operations management，2008，26（1）：1-22.

[91] KRAUSE D R，HANDFIELD R B，TYLER B B. The relationships between supplier development，commitment，social capital accumulation and performance improvement［J］. Journal of operations management，2007，25（2）：528-545.

[92] MACDUFFIE J P，HELPER S. Collaboration in supply chains with and with-

out trust. In: Adler, P. (Ed.), The firm as collaborative community, re - constructing trust in the knowledge economy [M]. Oxford: Oxford University Press, 2007.

[93] NARASIMHAN R, NAIR A, GRIFFITH D A, et al. Lock - in situations in supply chains: a social exchange theoretic study of sourcing arrangements in buyer - supplier relationships [J]. Journal of operations management, 2009, 27: 374 -389.

[94] YOZI I. Computer networks and inter firm relationships in the automobile industry: a comparative study of Japan and Korea [J]. Computers & industrial engineering, 1997, 33: 635 -638.

[95] ALI F, SMITH G, SAKER J. Developing buyer - supplier relationships in the automobile industry: a study of Jaguar and Nippondenso [J]. European journal of purchasing & supply management, 1997, 3 (1): 33 -42.

[96] MUDAMBI R, HELPER S. The "close but adversarial" model of supplier relations in the U. S. auto industry [J]. Strategic management journal, 1998, 19: 775 -792 .

[97] PETERS J, BECKER W. Vertical corporate networks in the German automotive industry [J]. International studies of management & organization, 1997, 27 (4): 158 -185.

[98] COLE RE, MATSUMIYA T. Too much of a good thing? Quality as an impediment to innovation [J]. California management review, 2007, 50 (1): 77 -93.

[99] RO Y K, LIKER J K, FIXSON S K. Evolving models of supplier involvement in design: the deterioration of the Japanese model in U. S. auto [J]. IEEE transaction in engineering management, 2008, 55 (2): 359 -377.

[100] LANGNER B, SEIDEL V P. Collaborative concept development using supplier competitions: insights from the automotive industry [J]. Journal of engineering and technology management, 2009, 26 (1 -2): 1 -14.

[101] BEAUME R, MANIAK R, MIDLER C. Crossing innovation and product projects management: a comparative analysis in the automotive industry [J].

International journal of project management, 2009, 27 (2): 166 - 174.

[102] BASTOS P. Inter - firm collaboration and learning: the case of the Japanese automobile industry [J]. Asia pacific journal of management, 2001, 18: 423 - 441.

[103] DILK C, GLEICH R, WALD A. State and development of innovation networks: evidence from the European vehicle sector [J]. Management decision, 2008, 46 (5): 691 - 701.

[104] MACHIKITAL T, UEKI Y. Impacts of incoming knowledge on product innovation: technology transfer in auto - related industries in developing economies [R]. ERIA Discussion paper Series, 2011.

[105] WANG Y, TANAKA A. From hierarchy to hybrid: the evolving nature of inter - firm governance in China's automobile groups [J]. Journal of business research, 2011, 64: 74 - 80.

[106] 张军元. 日本汽车产业创新研究 [D]. 长春: 吉林大学, 2010.

[107] 史自力. 美、日、欧、中汽车产业技术创新比较研究 [D]. 长春: 吉林大学, 2008.

[108] 刘斐. 产学研联盟: 抱团创新事半功倍 [N]. 中国航天报, 2012 - 03 - 14 (2).

[109] 张小兰. 美国汽车产业的创新发展经验和启示 [J]. 中外企业家, 2011 (5): 91 - 94.

[110] 郑晓奋. 美、日汽车工业技术联盟比较与中国汽车工业自主创新 [J]. 经济社会体制比较, 2010 (2): 171 - 175, 183.

[111] DYER J H. Specialized supplier networks as a source of competitive advantage: evidence from the auto industry [J]. Strategic management journal, 1996, 17 (4): 271 - 291.

[112] 全琳琛. 通用汽车百年兴衰 [M]. 北京: 人民邮电出版社, 2009.

[113] 王冀. 美国汽车怎么了 [M]. 北京: 机械工业出版社, 2009.

[114] OEM - supplier relations study shows strong gains for Toyota and Honda, with Ford, Nissan, FCA and GM falling well behind [EB/OL]. (2015 - 05 - 18) [2021 - 07 - 23]. https: //www. prnewswire. com/news - relea-

ses/oem - supplier - relations - study - shows - strong - gains - for - toyota - and - honda - with - ford - nissan - fca - and - gm - falling - well - behind - 300084605. html.

[115] 肖云魁，刘向辉，等. 日本汽车工业成功的秘密 [M]. 北京：兵器工业出版社，1999.

[116] 酒井辉昌. 本田的品质管理与制造 [M]. 王兆龙，译. 广州：广东经济出版社，2009.

[117] DYER J H, NOBEOKA K. Creating and managing a high - performance knowledge - sharing network: the Toyota case [J]. Strategic management journal, 2000, 21 (3): 345 - 367.

[118] 莱克. 丰田汽车案例 [M]. 李芳龄，译. 北京：中国财政经济出版社，2004.

[119] 丰田的战略联盟案例 [EB/OL]. (2010 - 01 - 03) [2021 - 07 - 23]. https: //wenku. baidu. com/view/81a00708763231126edb116b. html.

[120] 胡登峰，王丽萍. 论我国新能源汽车产业创新体系建设 [J]. 软科学，2010, 24 (2): 14 - 18.

[121] 孙中峰. 美国汽车产业与技术创新扩散 [D]. 上海：华东师范大学，2001.

[122] 久保铁男. 谁推倒了美国三巨头：通用、福特、克莱斯勒落马的背后 [M]. 北京富欧睿汽车咨询有限公司，译. 北京：机械工业出版社，2009.

[123] 潘松挺，蔡宁. 企业创新网络中关系强度的测量研究 [J]. 中国软科学，2010 (5): 108 - 115.

[124] GUIMERÀ R, UZZI B, SPIRO J, et al. Team assembly mechanisms determine collaboration network structure and team performance [J]. Science, 2005, 308 (5722): 697 - 702.

[125] 陈亮，武邦涛，陈忠. 组织沟通模式对企业员工关系网络结构的影响 [J]. 系统管理学报，2010，19 (1): 37 - 44.

[126] 杜海峰，李树茁，MARCUS W F，等. 小世界网络与无标度网络的社区结构研究 [J]. 物理学报，2007 (12): 6886 - 6893.

[127] 张永安，田钢．多主体仿真模型的主体行为规则设计研究［J］．软科学，2008（3）：14－19.

[128] 哈耶克．个人主义与经济秩序［M］．邓正来，编译．上海：复旦大学出版社，2012.

[129] UZZI B，SPIRO J. Collaboration and creativity：the small world problem［J］. American journal of sociology，2005，111（2）：447－504.

[130] FLEMING L，KING C，JUDA A. Small worlds and regional innovation［J］. Organization science，2007，18（6）：938－954.

[131] MCFADYEN M A，SEMADENI M，CANNELLA A A. Value of strong ties to disconnected others：examining knowledge creation in biomedicine［J］. Organization science，2009，20（3）：552－564.

[132] CAPALDO A. Network structure and innovation：the leveraging of a dual network as a distinctive relational capability［J］. Strategic management journal，2007，28（6）：585－608.

[133] 郭贵林．社会资本、知识过程与部门效能关系实证研究——以企业R&D部门为例［D］．杭州：浙江大学，2008.

[134] 惠青，邹艳．产学研合作创新网络、知识整合和技术创新的关系研究［J］．软科学，2010，24（3）：4－9.

[135] 章威．基于知识的企业动态能力研究：嵌入性前因及创新绩效结果［D］．杭州：浙江大学，2009.

[136] 窦红宾，王正斌．网络结构、吸收能力与企业创新绩效——基于西安通讯装备制造产业集群的实证研究［J］．中国科技论坛，2010（5）：25－30.

[137] 曾楠，高山行，崔宁宁．企业内部资源、能力与外部网络对绩效的交互效应研究［J］．技术与创新管理，2011，32（3）：230－236.

[138] 任宗强．基于创新网络协同提升企业创新能力的机制与规律研究［D］．杭州：浙江大学，2012.

[139] ATUAHENE－GIMA K，KO A. An empirical investigation of the effect of market orientation and entrepreneurship orientation alignment on Product innovation［J］. Organization science，2001，12（1）：54－74.

[140] INKPEN AC, TSANG EWK. Social capital, networks, and knowledge transfer [J]. Academy of management review, 2005, 30 (1): 146-165.

[141] 李燕华, 宋福烨. 企业外部社会资本对企业间知识转移的影响分析 [J]. 统计与决策, 2007 (21): 179-182.

[142] 张永安, 王燕妮, 兰卫国. 汽车核心企业创新过程的影响因素及内在关系研究——以日本和美国汽车企业为例 [J]. 科技进步与对策, 2012, 29 (19): 76-81.

[143] SITKIN SB, ROTH NL. Explaining the limited effectiveness of legalistic "remedies" for trust/distrust [J]. Organization science, 1993, 4 (3): 367-392.

[144] 王国顺, 杨昆. 社会资本、吸收能力对创新绩效影响的实证研究 [J]. 管理科学, 2011, 24 (5): 23-36.

[145] COLLIS DJ, MONTGOMERY CA. Competing on resources: strategy in the 1990s [J]. Harvard business review, 1995, 73 (4): 118-128.

[146] 谢洪明, 吴隆增, 王成. 组织学习、知识整合与核心能力的关系研究 [J]. 科学学研究, 2007 (2): 312-318.

[147] BRADACH J L, ECCLES R G. Price, authority, and trust: from ideal types to plural forms [J]. Annual review of sociology, 1989, 15: 97-118.

[148] LANDRY R, AMARA N, LAMARI M. Does social capital determine innovation? To what extent? [J]. Technological forecasting and social change, 2002, 69 (7): 681-701.

[149] 刘璐. 企业外部网络对企业绩效影响研究——基于吸收能力视角 [D]. 济南: 山东大学, 2009.

[150] 封凯栋, 尹同耀, 王彦敏. 奇瑞的创新模式 [J]. 中国软科学, 2007 (3): 76-84.

[151] 谢洪明, 王现彪, 吴溯. 激励对IJVs知识管理和管理创新的影响——华南地区企业的实证研究 [J]. 科学学研究, 2009, 27 (1): 147-153.

[152] AHUJA G, COFF R W, LEE P M. Managerial foresight and attempted rent appropriation: insider trading on knowledge of imminent breakthroughs [J].

Strategic management journal, 2005, 26 (9): 791 – 808.

[153] 谢洪明，陈盈，程聪．网络密度、知识流入对企业管理创新的影响[J]．科学学研究，2011，29 (10): 1542 – 1548，1567.

[154] KALE P, SINGH H, PERLMUTTER H. Learning and protection of proprietary assets in strategic alliances: building relational capital [J]. Strategic management journal, 2000, 21 (3): 217 – 237.

[155] 杜静，魏江．知识存量的增长机理分析 [J]．科学学与科学技术管理，2004 (1): 24 – 27.

[156] 孙筠．基于知识和知识创新视野下的组织创新 [J]．北方经济，2008 (16): 35 – 36.

[157] 张庆普，单伟．企业知识转化过程中的知识整合 [J]．经济理论与经济管理，2004 (6): 47 – 51.

[158] 詹勇飞．知识有机整合的过程与绩效研究——新产品开发的实证[D]．天津：天津大学，2009.

[159] LANSITI M, WEST J. Technology integration: turning great research into great products [J]. Harvard business review, 1997, 75 (3): 69 – 78.

[160] SIVADAS E, DWYER F R. An examination of organizational factors influencing new product success in internal and alliance – based processes [J]. Journal of marketing, 2000, 64: 31 – 49.

[161] CHIA R. From knowledge – creation to the perfecting of action : Tao, Basho and pure experience as the ultimate ground of knowing [J]. Human relations, 2003, 56 (8): 953 – 981.

[162] DRÖGE C, CLAYCOMB C, GERMAIN R. Does knowledge mediate the effect of context on performance? Some initial evidence [J]. Decision sciences, 2003, 34 (3): 541 – 568.

[163] 曾萍．知识创新、动态能力与组织绩效的关系研究 [J]．科学学研究，2009，27 (8): 1271 – 1280.

[164] JANSEN J. Ambidextrous organizations: a multiple – level study of absorptive capacity, exploratory and exploitative innovation and performance [D]. Rotterdam: Erasmus University Rotterdam, 2005.

[165] 潘松挺. 网络关系强度与技术创新模式的耦合及其协同演化 [D]. 杭州: 浙江大学, 2009.

[166] 李怀祖. 管理研究方法论 [M]. 3版. 西安: 西安交通大学出版社, 2017.

[167] DESS G G, ROBINSON R B. Measuring organizational performance in the absence of objective measures: the case of the privately - held firm and conglomerate business unit [J]. Strategic management journal, 1984, 5 (3): 265 - 273.

[168] 陈晓萍, 徐淑英, 樊景立. 组织与管理研究的实证方法 [M]. 北京: 北京大学出版社, 2008.

[169] CALANTONE R J, CAVUSGIL S T, ZHAO Y. Learning orientation, firm innovation capability, and firm Performance [J]. Industrial marketing management, 2002, 31 (6): 515 - 524.

[170] 宋迎春. 基于企业内外部网络视角的创新绩效多因素影响模型与实证研究 [D]. 长沙: 中南大学, 2010.

[171] KHOJA F, MARANVILLE S. The power of intra - firm networks [J]. Academy of strategic management, 2009, 8: 51 - 70.

[172] JAWORSKI B J, KOHLI A K. Market orientation: antecedents and consequences [J]. Journal of marketing, 1993, 57: 53 - 70.

[173] 戴勇, 朱桂龙, 肖丁丁. 内部社会资本、知识流动与创新——基于省级技术中心企业的实证研究 [J]. 科学学研究, 2011, 29 (7): 1046 - 1055.

[174] BATJARGAL B. Social capital and entrepreneurial performance in Russia: a longitudinal study [J]. Organization studies, 2003, 24 (4): 535 - 556.

[175] JARILLO J C. On strategic networks [J]. Strategic management journal, 1988, 9 (1): 31 - 41.

[176] 王晓娟. 知识网络与集群企业竞争优势研究 [D]. 杭州: 浙江大学, 2007.

[177] 陈学光. 网络能力、创新网络及创新绩效关系研究——以浙江高新技术企业为例 [D]. 杭州: 浙江大学, 2007.

[178] 李志刚，汤书昆，梁晓艳，等．产业集群网络结构与企业创新绩效关系研究［J］．科学学研究，2007（4）：777－782.

[179] 彭光顺．网络结构特征对企业创新与绩效的影响研究［D］．广州：华南理工大学，2010.

[180] 张晓婧．网络嵌入与企业创新绩效关系研究——以长春高新区集群企业为例［D］．长春：吉林大学，2012.

[181] KRAATZ M S. Learning by association? Interorganizational networks and adaptation to environmental change［J］. Academy of management Journal, 1998, 41（6）：621－643.

[182] UZZI B. The sources and consequences of embeddedness for the economic performance of organizations：the network effect［J］. American sociological review, 1996, 61（4）：674－698.

[183] KOGUT B, ZANDER U. Knowledge of the firm, combinative capabilities, and the replication of technology［J］. Organization science, 1992, 3（3）：383－397.

[184] DE BOER M, VAN DEN BOSCH F A J, VOLBERDA H W. Managing organizational knowledge integration in the emerging multimedia complex［J］. Journal of management studies, 1999, 36（3）：379－398.

[185] 简兆权，吴隆增，黄静．吸收能力、知识整合对组织创新和组织绩效的影响研究［J］．科研管理，2008（1）：80－86，96.

[186] 李贞，杨洪涛．吸收能力、关系学习及知识整合对企业创新绩效的影响研究——来自科技型中小企业的实证研究［J］．科研管理，2012，33（1）：79－89.

[187] 曾萍．学习、创新与动态能力——华南地区企业的实证研究［J］．管理评论，2011，23（1）：85－95.

[188] 王彦博．基于知识创新的跨组织网络的微观层面研究［D］．天津：天津大学，2012.

[189] 胡海青，李智俊，张道宏．高新技术网络企业知识创新能力影响因素分析——基于西安高新区企业的实证研究［J］．管理评论，2011，23（10）：56－65.

[190] PERTUSA - ORTEGA E M, MOLINA - AZORIN J F, CLAVER - CORTES E. Competitive strategy, structure and firm performance: a comparison of the resource - based view and the contingency approach [J]. Management decision, 2010, 48 (7 - 8): 1282 - 1303.

[191] 解学梅. 中小企业协同创新网络与创新绩效的实证研究 [J]. 管理科学学报, 2010, 13 (8): 51 - 64.

[192] 王操红. 知识型企业高绩效工作系统研究 [D]. 厦门: 厦门大学, 2009.

[193] ZAHRA S, SAPIENZA H J, DAVIDSSON P. Entrepreneurship and dynamic capabilities: a review, model and research agenda [J]. Journal of management studies, 2006, 43 (4): 917 - 954.

[194] VOLBERDA H W, LEWIN A Y. Co - evolutionary dynamics within and between firms: from evolution to co - evolution [J]. Journal of management studies, 2003, 40 (8): 2111 - 2136.

[195] ROSE - ANDERSSEN C, ALLEN P M, TSINOPOULOS C, et al. Innovation in manufacturing as an evolutionary complex system [J]. Technovation, 2005, 25 (10): 1093 - 1105.

[196] 刘浩. 产业间共生网络的演化机理研究 [D]. 大连: 大连理工大学, 2010.

[197] EPPINGER S D, WHITNEY D E, SMITH R P, et al. A model - based method for organizing tasks in product development [J]. Research in engineering design, 1994, 6: 1 - 13.

[198] KRISHNAN V, EPPINGER S D, WHITNEY D E. Accelerating product development by the exchange of preliminary product design information [J]. Journal of mechanical design, 1995, 117: 491 - 498.

[199] KIM C, PARK J H. The global research - and - development network and its effect on innovation [J]. Journal of International Marketing, 2010, 18 (4): 43 - 57.

[200] 武绍动. 中国汽车工业的自主创新研究 [D]. 重庆: 重庆师范大学, 2011.

附　录

汽车核心企业创新网络测量的调查问卷

尊敬的女士/先生：

您好！

本调查问卷旨在了解企业的基本情况，企业整车研发创新中内部各创新单元之间、各员工之间的合作交流情况，内部各创新单元与外部各组织的合作交流情况以及企业的创新情况，进而为企业在研发创新中更好利用内外部创新网络资源促进创新绩效提高提供理论研究依据。非常感谢您在百忙之中协助我们完成调查任务，希望研究成果能为贵企业的发展提供有益的参考。

本调查问卷采用匿名调查方式，所获得的数据仅供科学研究之用。我们将严格遵守科学研究道德规范，不以任何形式向任何人泄露有关贵企业的商业信息。

北京工业大学经济管理学院

一、企业基本情况

（请您根据实际情况填写题项并在合适的“□”内打“√”）

1. 贵企业成立年限：

□10 年及以下　□11 ~ 15 年　□16 ~ 20 年　□20 年以上

2. 贵企业的产品以哪类为主：

□大型客车　□重型载货　□轿车

3. 您在贵企业的职务：

□高层管理人员　□中层管理人员　□基层管理人员　□技术人员

二、企业整车研发创新中内部创新网络各创新单元之间的合作交流情况

（请您在 1 ~ 7 的数字中，根据贵公司的实际情况与下列陈述的符合程度，在最认同的数字上面打“√”，数字大小代表着您的同意程度）

汽车企业创新中共同愿景、网络结构、网络关系情况

1	2	3	4	5	6	7
完全不符合	基本不符合	稍微不符合	不能肯定	有点符合	基本符合	完全符合

共同愿景	企业研发创新人员在工作中有统一的理想和目标	1	2	3	4	5	6	7
	企业研发创新人员对完成企业使命和目标都充满激情	1	2	3	4	5	6	7
	企业研发创新人员在工作中较容易达成比较统一的意见	1	2	3	4	5	6	7
网络结构	企业销售、采购等业务部门都积极参与到产品创新中，同各研发部门和生产部门建立交流通道	1	2	3	4	5	6	7
	各创新部门内部各单元之间建立了交流平台，也同其他部门内的创新单元建立了交流的渠道	1	2	3	4	5	6	7
	企业财务、人力、物流等职能部门非常支持创新活动	1	2	3	4	5	6	7
	企业的管理制度鼓励内部各单元之间的交流并为之搭建平台	1	2	3	4	5	6	7
网络关系	企业研发过程中研发部门、生产部门、销售部门的正式交流非常频繁	1	2	3	4	5	6	7
	企业研发过程中研发部门、生产部门、销售部门的非正式交流非常频繁	1	2	3	4	5	6	7
	企业研发过程中各部门交流的成效显著，互惠性较佳	1	2	3	4	5	6	7

三、企业整车研发创新中与外部组织的合作创新情况

（请您在 1 ~7 的数字中，根据贵公司的实际情况与下列陈述的符合程度，在最认同的数字上面打“√”，数字大小代表着您的同意程度）

汽车企业创新中外部创新网络规模情况

	参与者	数量级（家/个）						
		0 ~5	6 ~10	11 ~15	16 ~20	21 ~25	26 ~30	30 以上
网络规模	交流合作的主要供应商数量	1	2	3	4	5	6	7
	交流合作的销售商数量	1	2	3	4	5	6	7
	交流合作的其他汽车核心企业数量	1	2	3	4	5	6	7

续　表

	参与者	数量级（家/个）						
		0～5	6～10	11～15	16～20	21～25	26～30	30以上
网络规模	交流合作的高校及科研机构数量	1	2	3	4	5	6	7
	交流合作的政府、金融机构及中介机构数量	1	2	3	4	5	6	7

汽车企业创新中外部合作网络的网络密度情况

网络密度	相对于其他汽车核心企业，与本企业合作交流的供应商数量更多，且每个供应商与本企业其他合作对象联系较多	1	2	3	4	5	6	7
	相对于其他汽车核心企业，与本企业合作交流的销售商数量更多，且每个销售商与本企业其他合作对象联系较多	1	2	3	4	5	6	7
	相对于其他汽车核心企业，与本企业合作交流的同行企业数量更多，且每个同行企业与本企业其他合作对象有联系	1	2	3	4	5	6	7
	相对于其他汽车核心企业，与本企业合作交流的高校及科研机构数量更多，且每个高校及科研机构与本企业合作对象联系较多	1	2	3	4	5	6	7
	相对于其他汽车核心企业，与本企业合作交流的政府、金融机构及中介机构数量更多，且它们与本企业其他合作对象联系较多	1	2	3	4	5	6	7

汽车企业创新中与外部合作组织的关系强度情况

关系强度	企业与主要供应商合作交流频繁，信息共享程度很高	1	2	3	4	5	6	7
	企业与销售商合作交流频繁，信息共享程度很高	1	2	3	4	5	6	7
	企业与其他汽车核心企业合作交流频繁，信息共享程度很高	1	2	3	4	5	6	7
	企业与高校及科研机构合作交流频繁，信息共享程度很高	1	2	3	4	5	6	7
	企业与政府、金融机构及中介机构合作交流频繁，信息共享程度很高	1	2	3	4	5	6	7

四、企业整车研发创新中知识整合、知识创新以及创新绩效情况

（请您在 1 ~7 的数字中，根据贵公司的实际情况与下列陈述的符合程度，在最认同的数字上面打“√”，数字大小代表着您的同意程度）

汽车企业的创新绩效情况

知识整合	本企业能够有效整合企业内部知识和企业外部知识	1	2	3	4	5	6	7
	本企业能够更有效整合企业内不同部门、团队或个人的知识	1	2	3	4	5	6	7
	本企业能够更有效整合现有知识和原有知识	1	2	3	4	5	6	7
知识创新	与主要竞争对手相比，企业能够对生产工艺或技术进行重大改进	1	2	3	4	5	6	7
	与主要竞争对手相比，企业新产品、新工艺开发在行业内有独创性	1	2	3	4	5	6	7
创新绩效	整车产品研发周期在同行业中相对较短	1	2	3	4	5	6	7
	整车产品工艺创新在整体创新中所占比重较大	1	2	3	4	5	6	7
	整车产品创新在整体创新中所占比重较大	1	2	3	4	5	6	7

非常感谢您完成此问卷，祝贵公司兴旺发达